Galerie der Stadt Wels (Hg.) / mahler

Kunsttheorie versus Frau Goldgruber

Dieses Buch erschien ursprünglich als Katalog zu einer Ausstellung, die im Juni 2003 in der Galerie der stadt Wels stattfand. Der Mitbetreiber der Galerie, "Theoretiker" Günter Mayer, taucht in dieser Erzählung als er selbst auf. Der Autor dankt den Galeristen Günter Mayer und Lienhard Dinkhauser, sowie Alfred Goubran, in dessen edition selene dieses Buch in Erstauflage erschien.

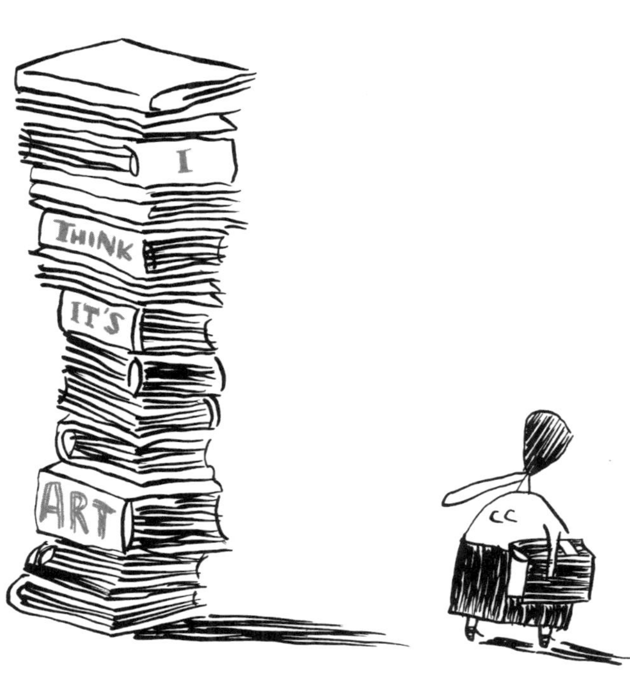
I
THINK
IT'S
ART

zum Geleit...

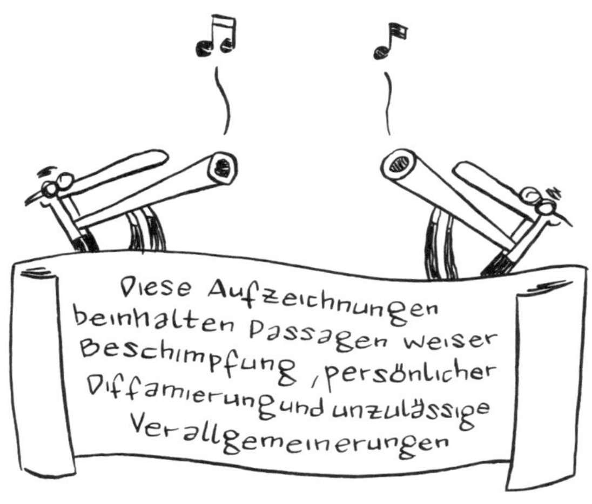

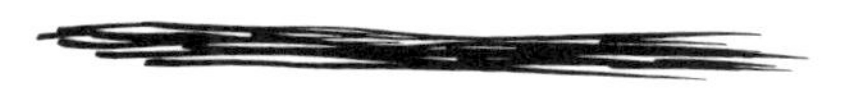

Dennoch ist **KEIN WORT** frei erfunden-
...Alles ist **genau so** passiert!

prolog

"Original
und
Fälschung"

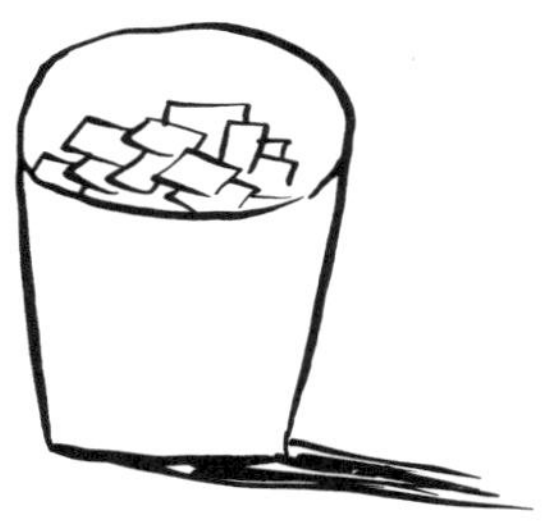

vor über 20 Jahren...

Im Alter von 10 Jahren besuchte ich einen Tennis-kurs... In der ersten Stunde musste jeder Teilnehmer um teures Geld einen "Spezialschläger" erwerben...

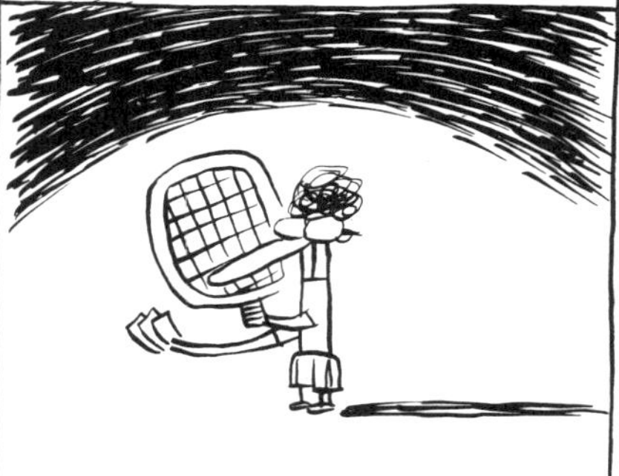

Der Schläger hatte keinen richtigen Griff, sondern nur einen jämmerlich kurzen Stumpf, der eine bessere Treffsicherheit garantieren sollte...

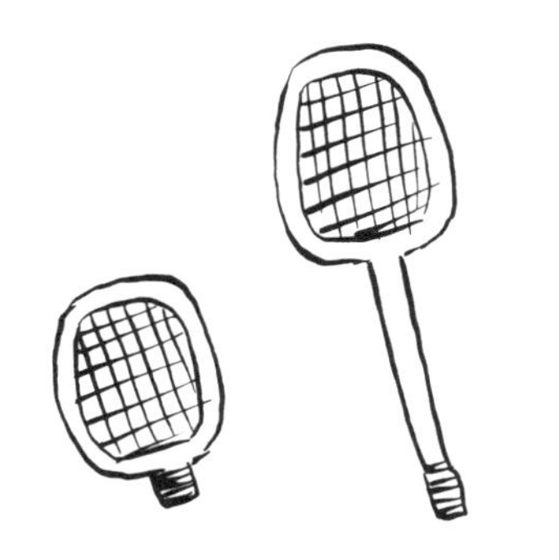

Meine Mutter war schockiert...

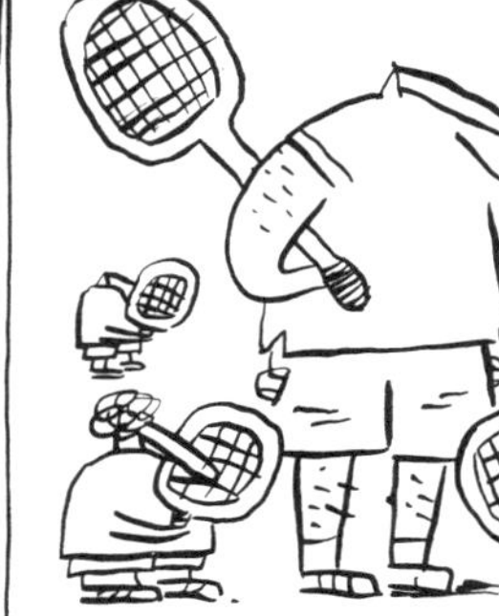

Der Höhepunkt des Kurses war ein Besuch von Österreichs damaliger Nummer 1, Peter Feigl.

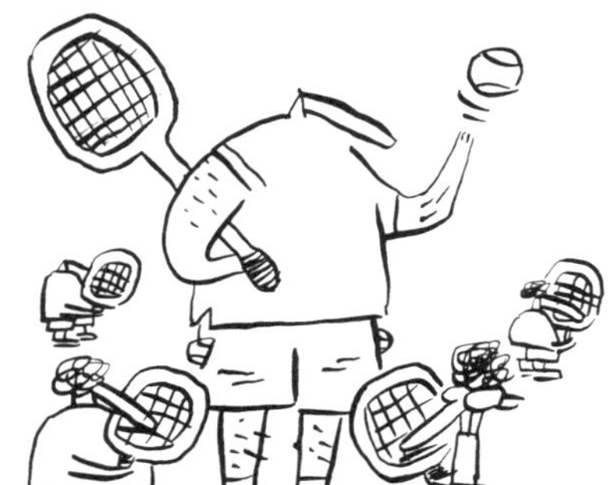

Jeder Kursteilnehmer durfte einen Ballwechsel mit Champ Feigl spielen ...

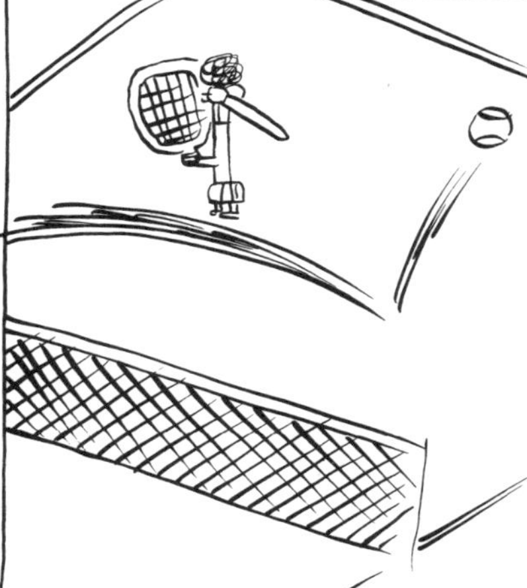

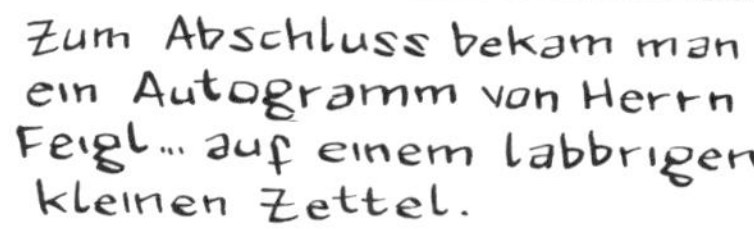

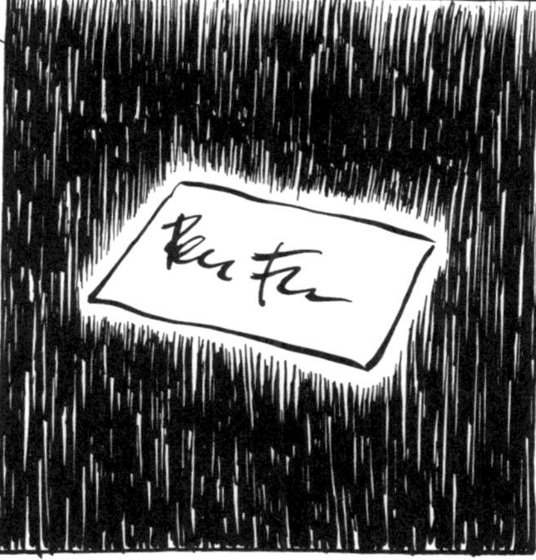

Wieder daheim, schnitt ich ein paar Zettel zurecht und fand Gefallen daran, die Unterschrift zu kopieren ...

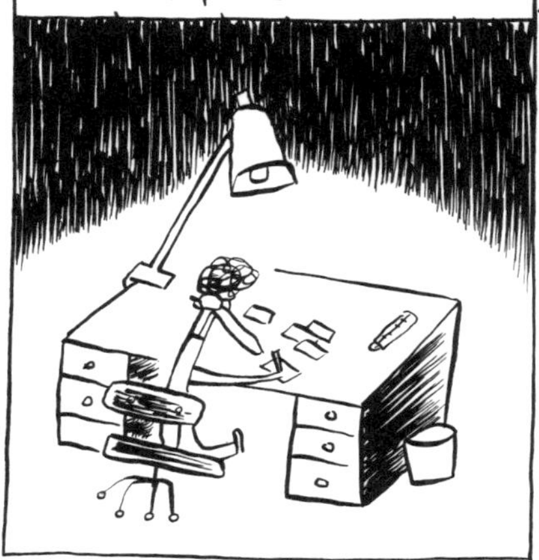

Bald schon konnte ich die Unterschrift blind imitieren ... Doch mitten in meinen Exerzitien ...

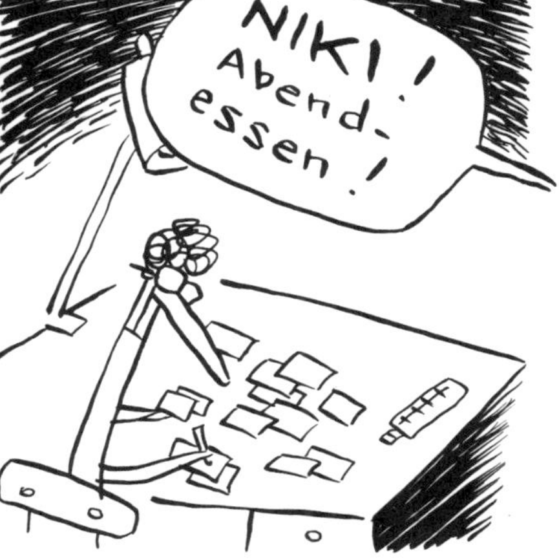

Als ich vom Abendessen zurückkam, war es unmöglich, zwischen all den Fälschungen das Original-Autogramm ausfindig zu machen …

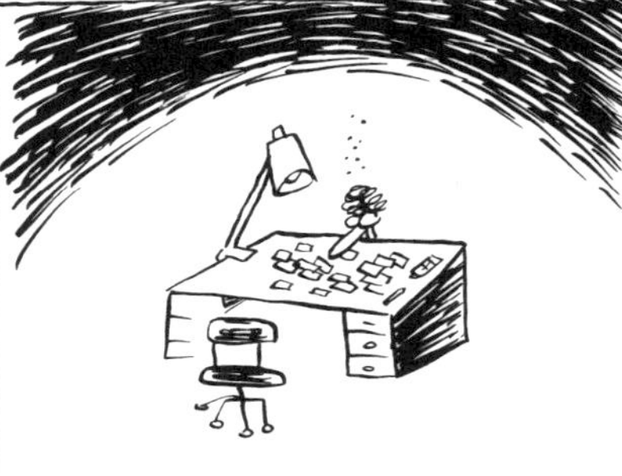

So gut hatte ich gearbeitet!

Tagelang überlegte ich, was ich nun mit dem Autogrammhaufen tun sollte … Wenn ich alles wegwerfen würde, wäre auch das Original unwiderruflich verloren …

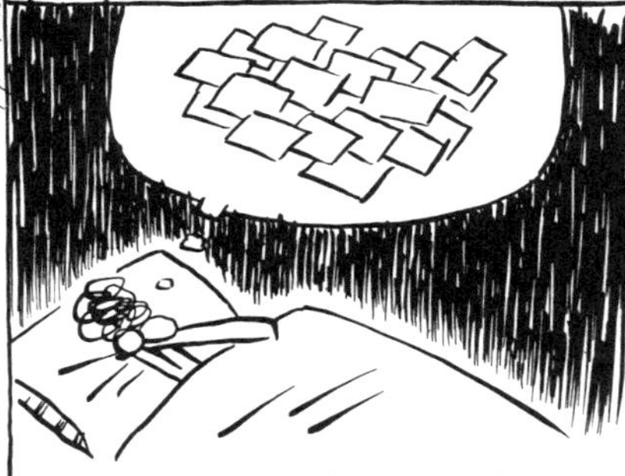

Aber **ALLE** Zettel aufzuheben, kam mir auch komisch vor.

So beschloss ich, nur **EINEN EINZIGEN** Zettel aufzuheben … auch wenn es sich höchstwahrscheinlich nicht um das Original handelte.

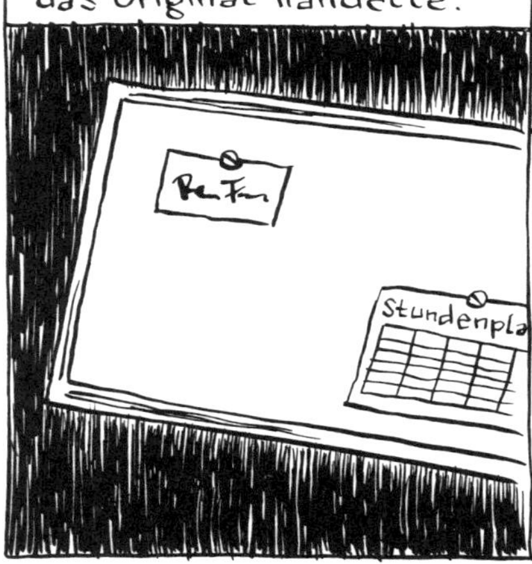

Eine Woche später hab ich auch diesen letzten Zettel weggeschmissen.

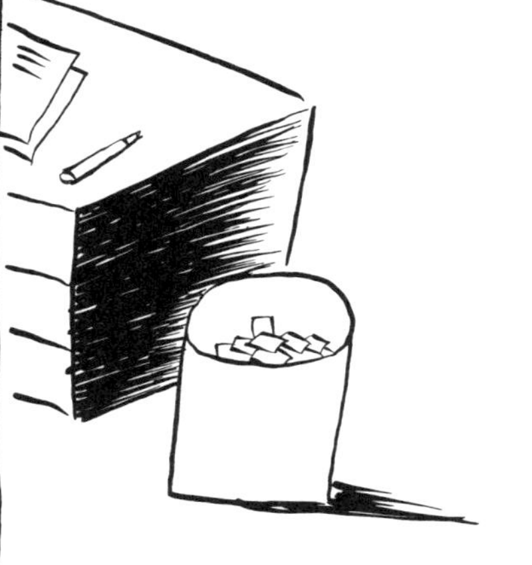

erstes Kapitel

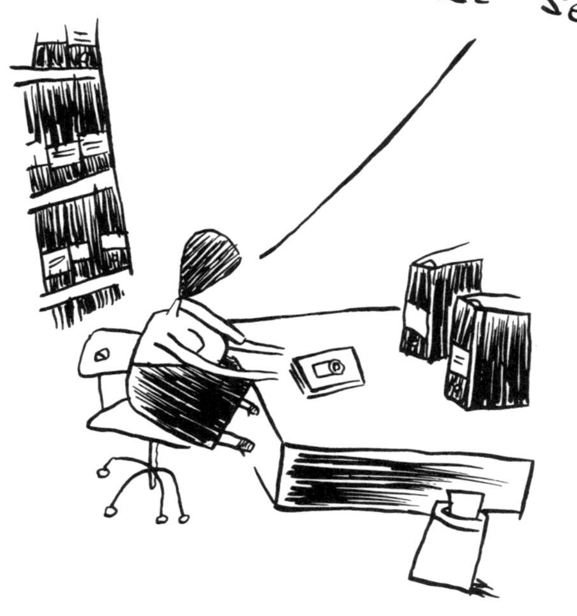

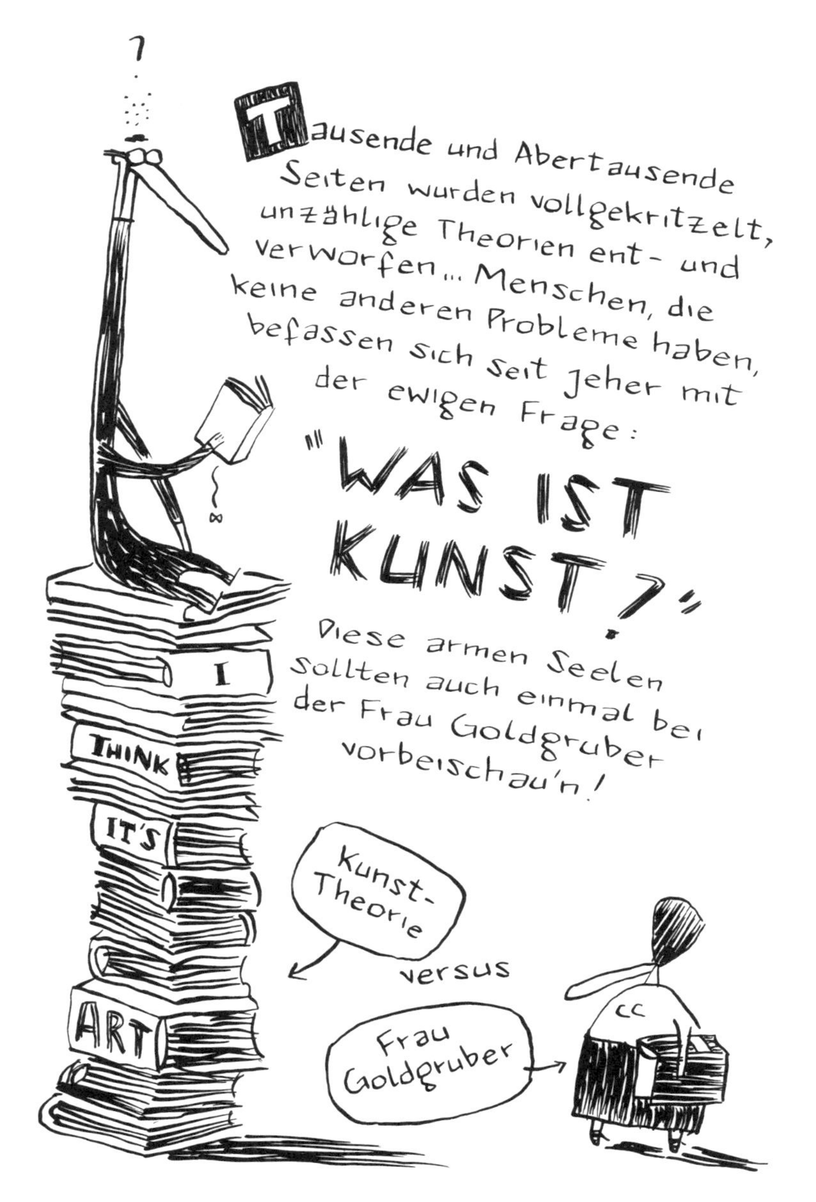
Tausende und Abertausende Seiten wurden vollgekritzelt, unzählige Theorien ent- und verworfen... Menschen, die keine anderen Probleme haben, befassen sich seit jeher mit der ewigen Frage:
"WAS IST KUNST?"
Diese armen Seelen sollten auch einmal bei der Frau Goldgruber vorbeischau'n!
I
THINK
IT'S
ART
Kunst-Theorie
versus
Frau Goldgruber

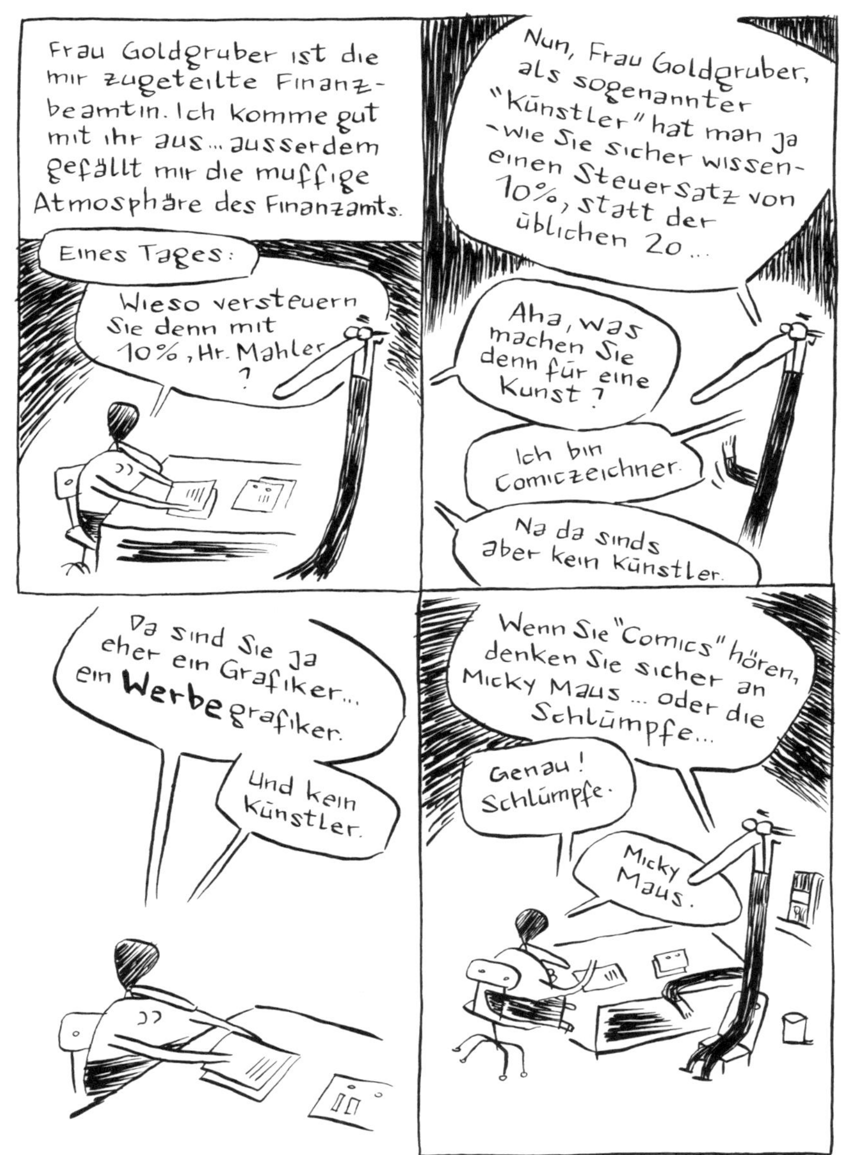
Frau Goldgruber ist die mir zugeteilte Finanzbeamtin. Ich komme gut mit ihr aus... ausserdem gefällt mir die muffige Atmosphäre des Finanzamts.
Eines Tages:
Wieso versteuern Sie denn mit 10%, Hr. Mahler ?
Nun, Frau Goldgruber, als sogenannter "Künstler" hat man ja -wie Sie sicher wissen- einen Steuersatz von 10%, statt der üblichen 20...
Aha, was machen Sie denn für eine Kunst ?
Ich bin Comiczeichner.
Na da sinds aber kein Künstler.
Da sind Sie ja eher ein Grafiker... ein **Werbe**grafiker.
Und kein Künstler.
Wenn Sie "Comics" hören, denken Sie sicher an Micky Maus ... oder die Schlümpfe...
Genau ! Schlümpfe.
Micky Maus.

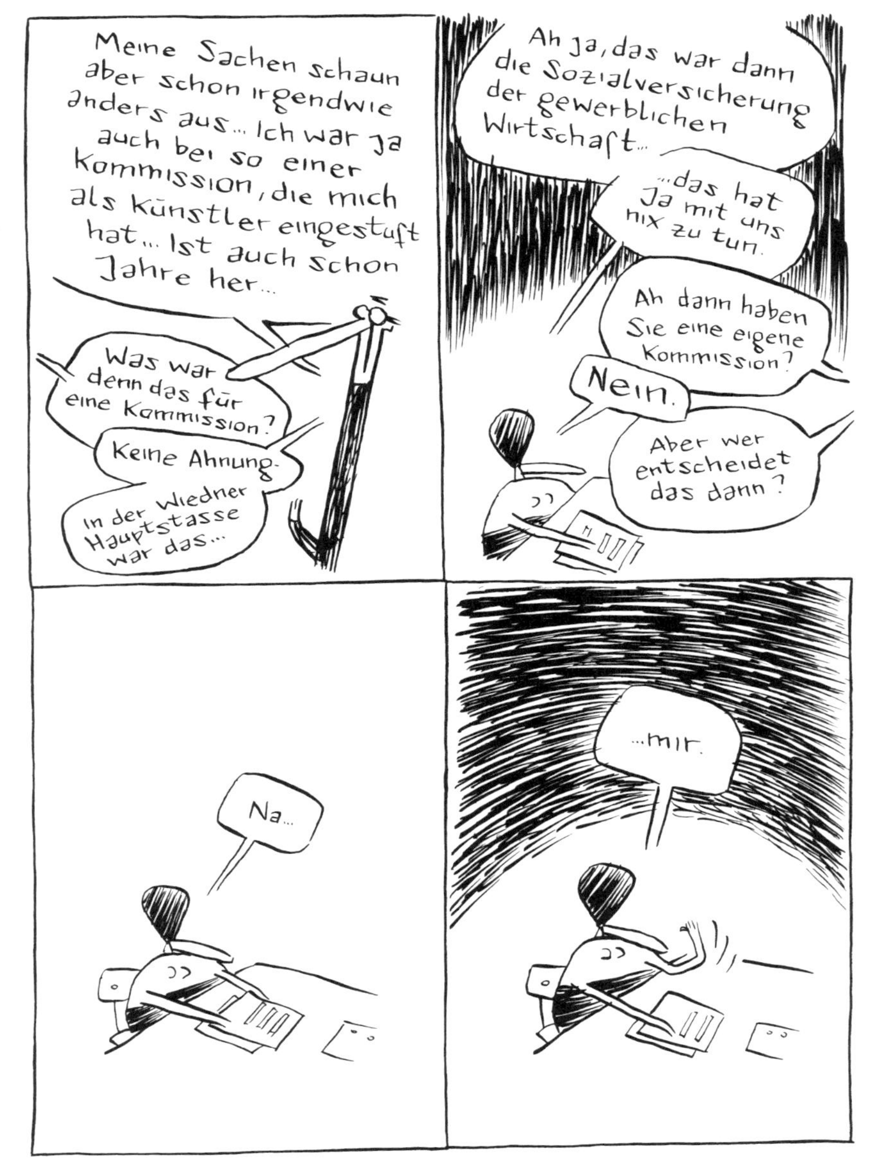
Meine Sachen schaun aber schon irgendwie anders aus... Ich war ja auch bei so einer Kommission, die mich als Künstler eingestuft hat... Ist auch schon Jahre her...
Was war denn das für eine Kommission?
Keine Ahnung.
In der Wiedner Hauptstasse war das...
Ah ja, das war dann die Sozialversicherung der gewerblichen Wirtschaft...
...das hat ja mit uns nix zu tun.
Ah dann haben Sie eine eigene Kommission?
Nein.
Aber wer entscheidet das dann?
Na...
...mir.

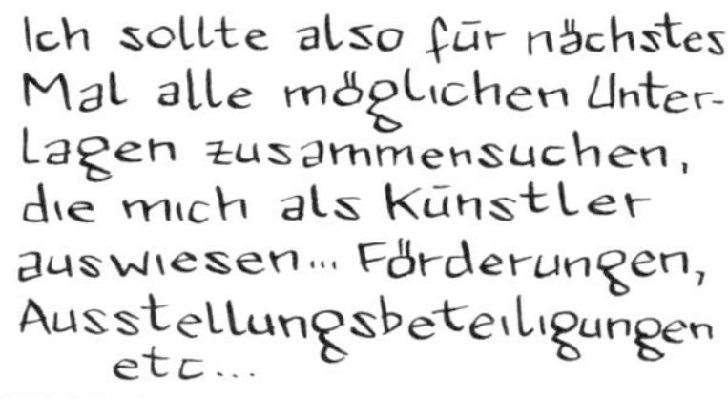

Ich sollte also für nächstes Mal alle möglichen Unterlagen zusammensuchen, die mich als Künstler auswiesen... Förderungen, Ausstellungsbeteiligungen etc...

Leider war die Frau Goldgruber nicht so leicht zu beeindrucken, wie ich mir das vorgestellt hatte...

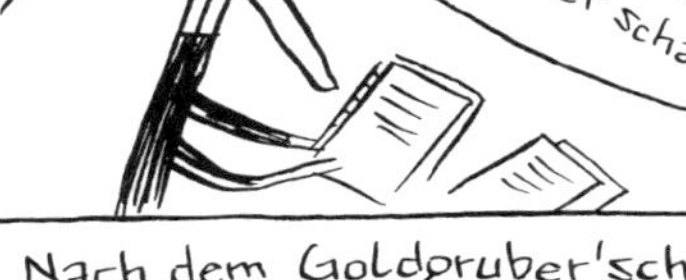

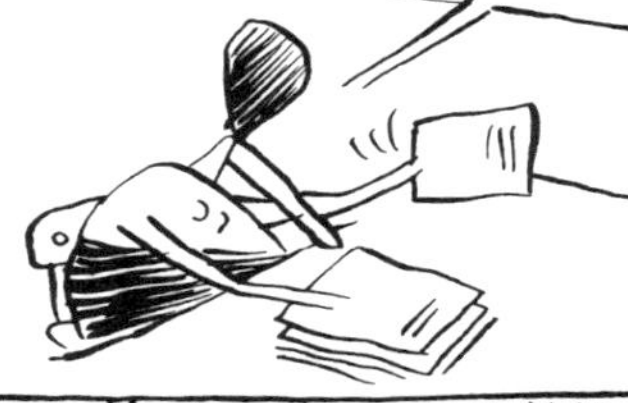

Nach dem Goldgruber'schen Ausmisten (nur eine Ausstellungsbeteiligung in Krems fand ihr Wohlwollen) zeigte ich ihr eines meiner eigenartigsten Bücher, um Sie von meinem vorgeblichen "Kunstwollen" zu überzeugen ...

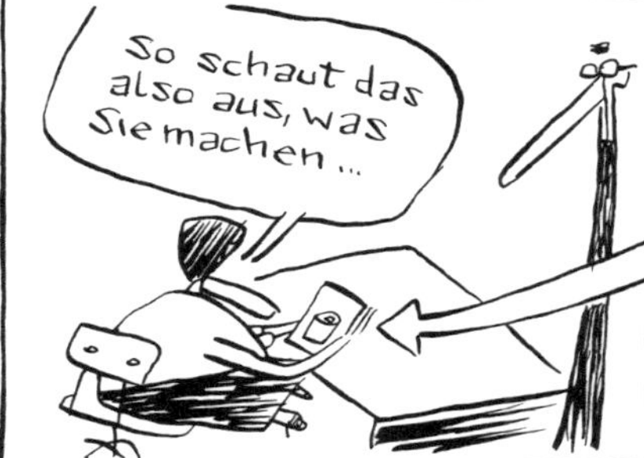

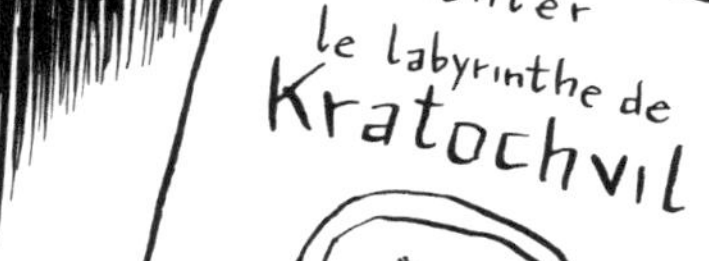

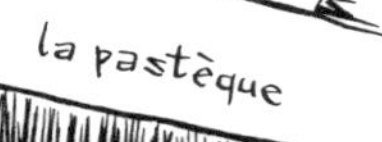

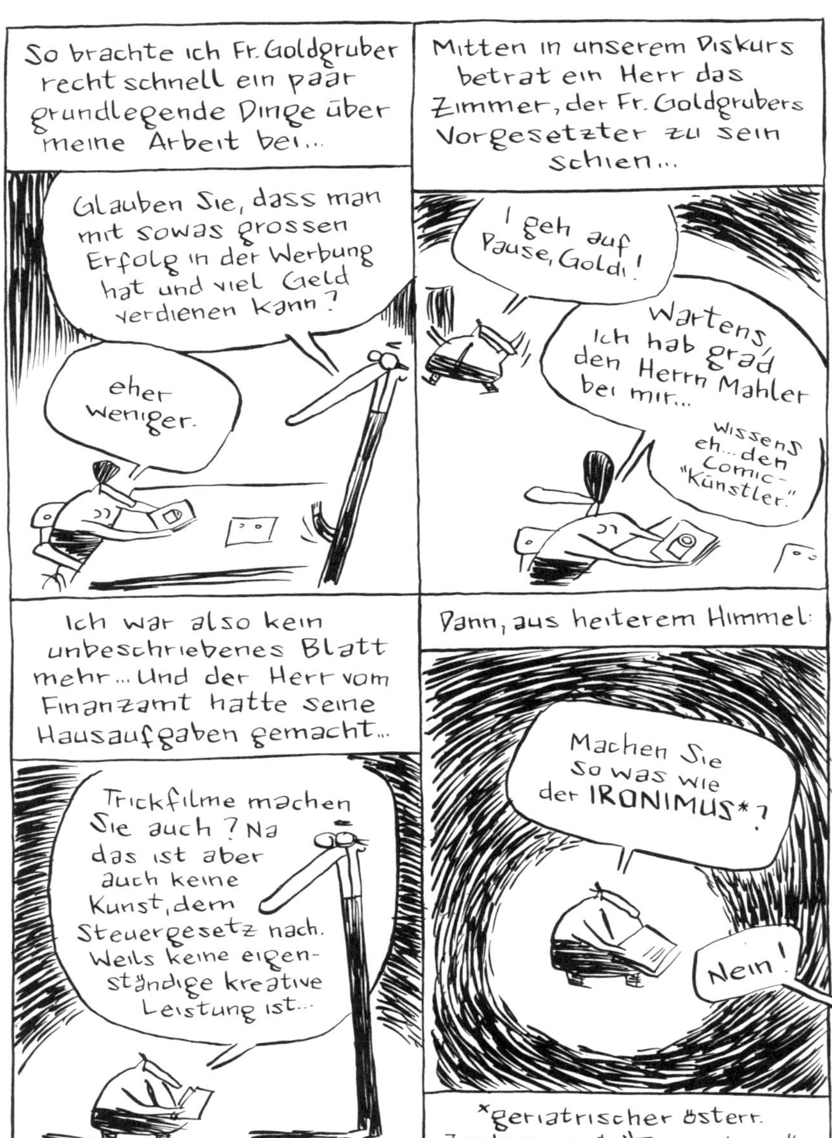
So brachte ich Fr. Goldgruber recht schnell ein paar grundlegende Dinge über meine Arbeit bei…
Glauben Sie, dass man mit sowas grossen Erfolg in der Werbung hat und viel Geld verdienen kann?
eher weniger.
Mitten in unserem Diskurs betrat ein Herr das Zimmer, der Fr. Goldgrubers Vorgesetzter zu sein schien…
I geh auf Pause, Goldi!
Wartens, Ich hab grad den Herrn Mahler bei mir…
Wissens eh… den Comic-"Künstler."
Ich war also kein unbeschriebenes Blatt mehr… Und der Herr vom Finanzamt hatte seine Hausaufgaben gemacht…
Trickfilme machen Sie auch? Na das ist aber auch keine Kunst, dem Steuergesetz nach. Weils keine eigenständige kreative Leistung ist…
Dann, aus heiterem Himmel:
Machen Sie so was wie der IRONIMUS*?
Nein!
*geriatrischer österr. Zeichner mit "Zipperlein".

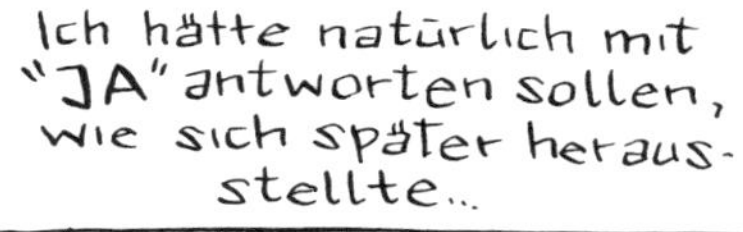
Ich hätte natürlich mit "JA" antworten sollen, wie sich später herausstellte...
Also machen Sie was anderes wie der IRONIMUS...
Den IRONIMUS hab ich nämlich einmal im Fernsehn gesehen...
...und da hat er sich hingesetzt, ohne Vorlagen oder so... und hat aus dem Kopf... also hat sich was ausgedacht!
aus dem KOPF!!!
und hat ein Manderl gezeichnet.
Und da hab ich mir gedacht: "Sixt, des is a Künstler!"

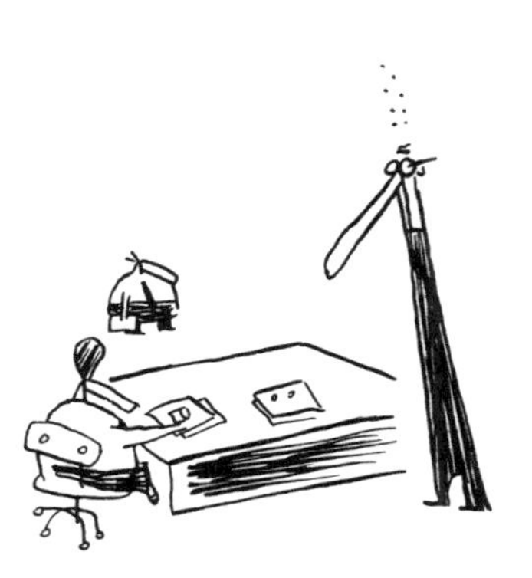

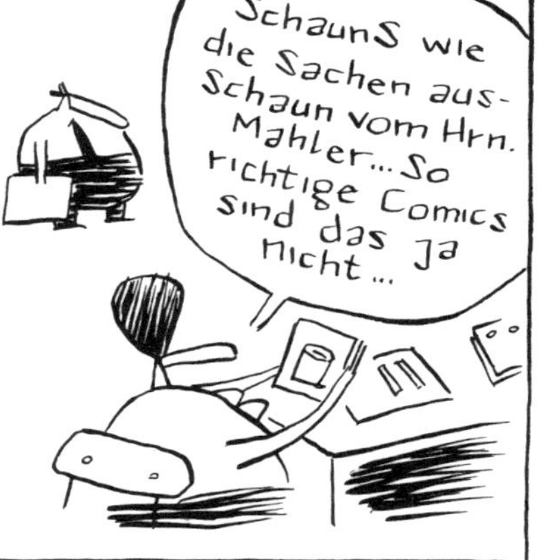
Frau Goldgruber, mittlerweile gereifte Kennerin meines Oeuvres, ergriff die Initiative...
Schauns wie die Sachen ausschaun vom Hrn. Mahler... So richtige Comics sind das ja nicht...

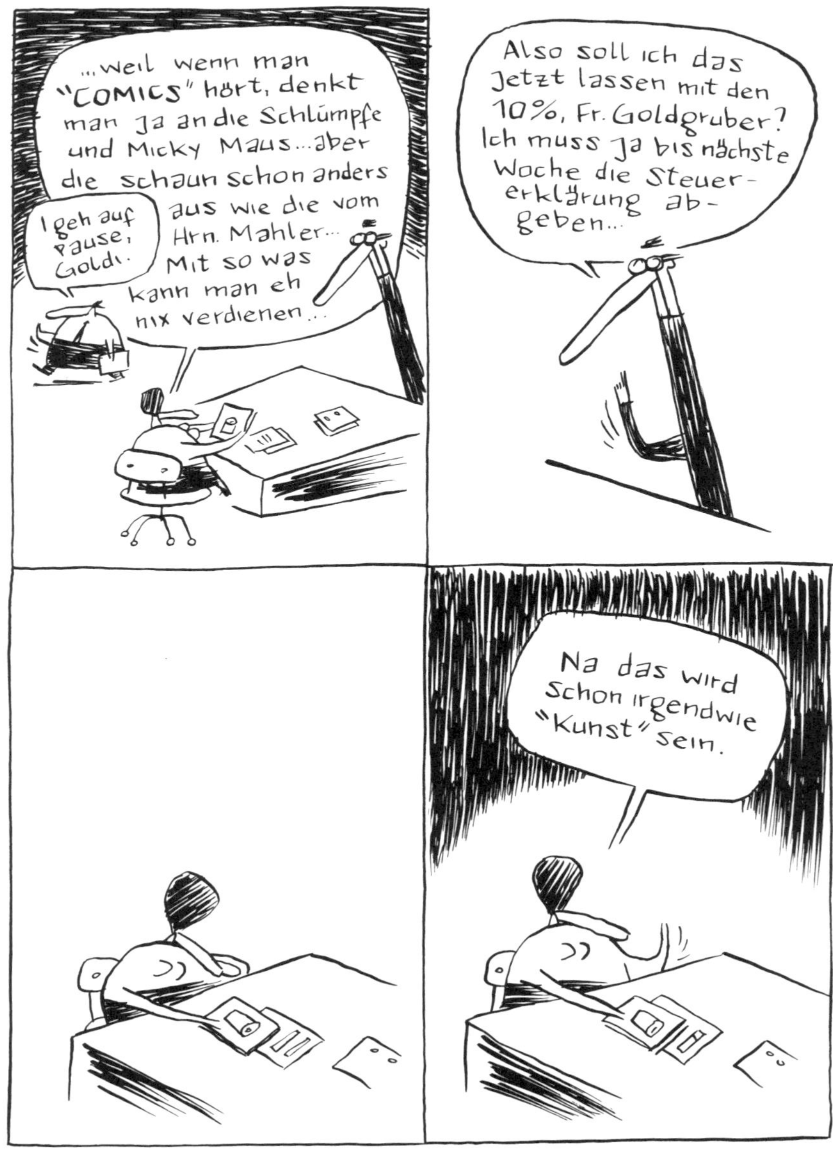
...weil wenn man "COMICS" hört, denkt man ja an die Schlümpfe und Micky Maus...aber die schaun schon anders aus wie die vom Hrn. Mahler... Mit so was kann man eh nix verdienen...
I geh auf Pause, Goldi.
Also soll ich das jetzt lassen mit den 10%, Fr. Goldgruber? Ich muss ja bis nächste Woche die Steuer-erklärung ab-geben...
Na das wird schon irgendwie "Kunst" sein.

Zweites Kapitel

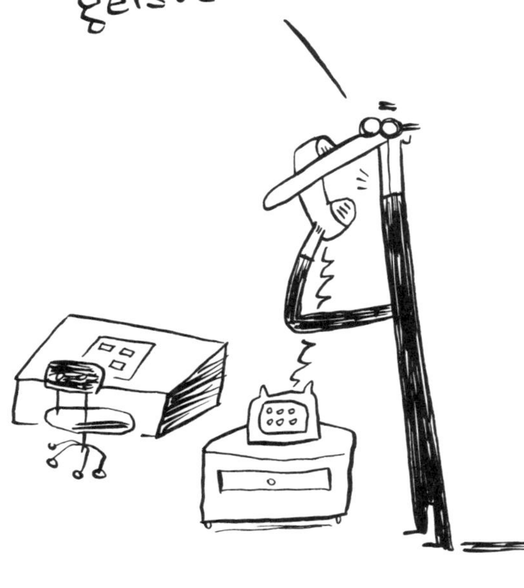

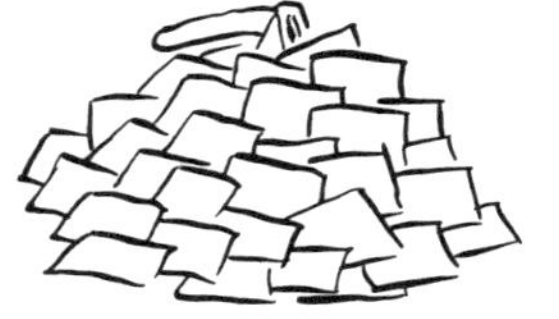

Von Frau Goldgruber per Ritterschlag zum Comic-"Künstler" geadelt, beschloss ich, die Steuer-agenden nun aus der Hand zu geben, um mich ganz meiner "Kunst" widmen zu können...

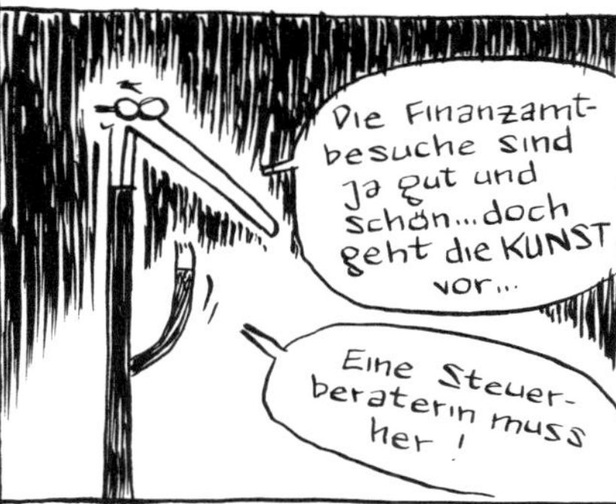

Der erste Termin bei der mir anempfohlenen Frau Tascherl* verhiess schon nichts Gutes... doch ignorierte ich alle Alarmsignale...

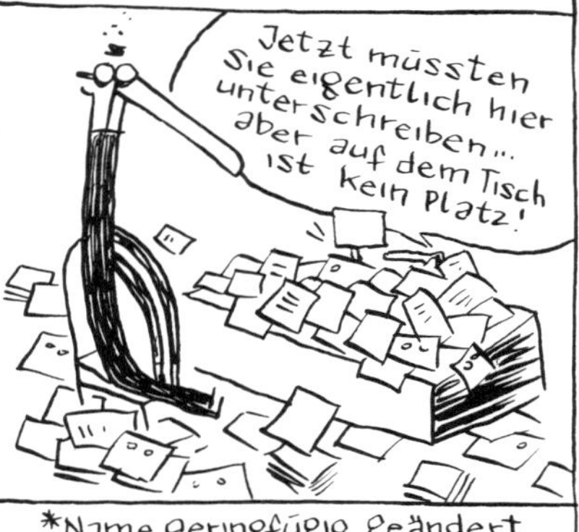

*Name geringfügig geändert

Ich habe in dem Büro keinen einzigen Aktenordner gesehen... Die Regale waren leer, alle Unterlagen nach einem undurchsichtigen System am Boden verstreut.

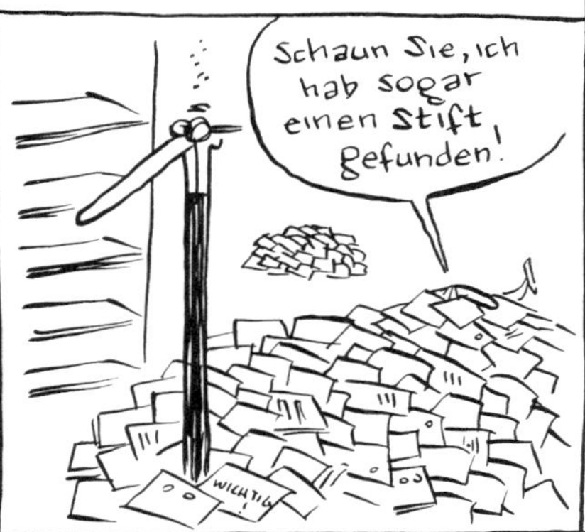

So liess ich meine Rechnungen im Kellerbüro (!) der Frau Tascherl... keine beruhigende Vorstellung, doch konnte ich mich jetzt ganz auf meine "Kunst" konzentrieren...

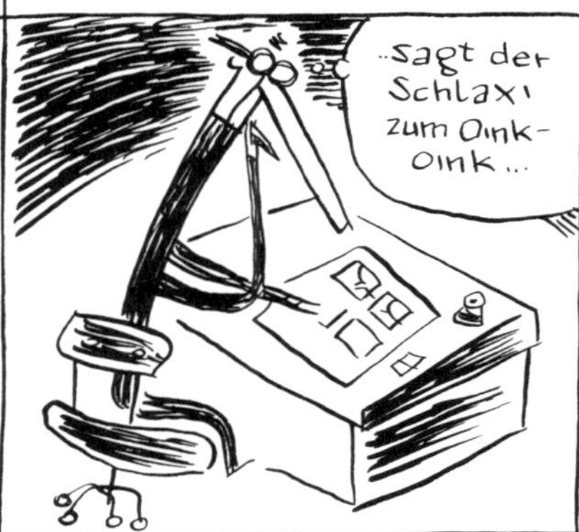

Ab und zu kamen mir ernsthafte Zweifel an Frau Tascherls Kompetenz, aber noch überstrahlten ihre überaus günstigen Honorarforderungen alles.

Fasziniert von der unkonventionellen Art und Weise der Finanzberatung empfahl ich Frau Tascherl gleich dem Zeichnerkollegen Neuwinger weiter...

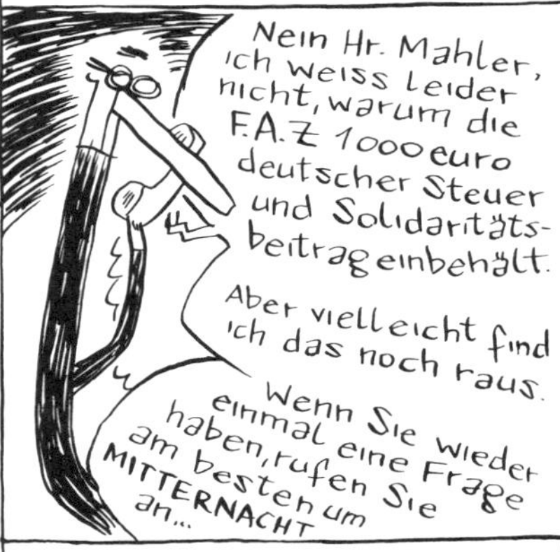

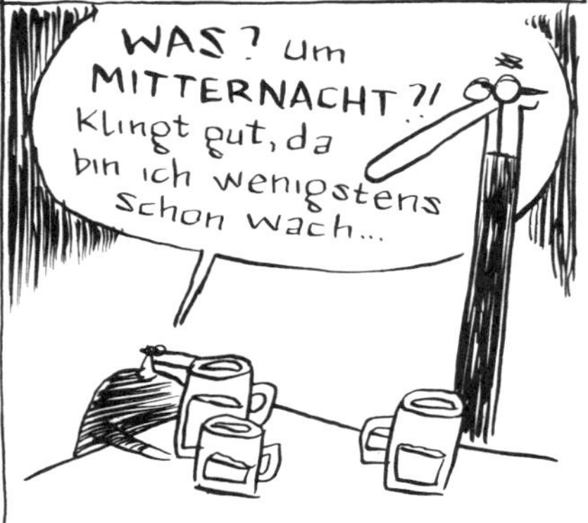

Nach kurzer Begeisterung von Neuwinger'scher Seite ("DIE FR. TASCHERL IST EIN GENIE!") begannen sich schon erste Gewitterwolken zusammenzubrauen.

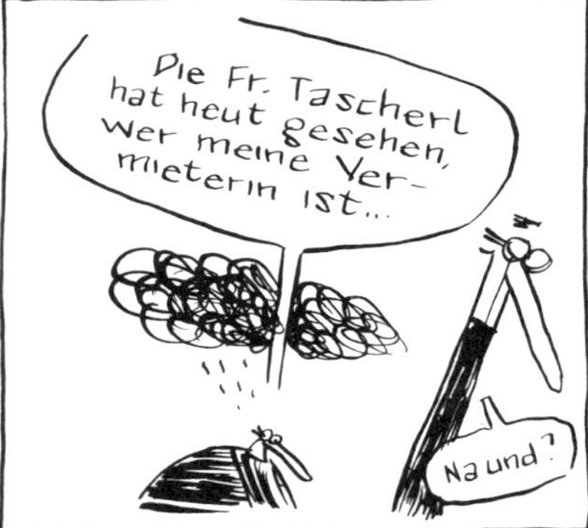

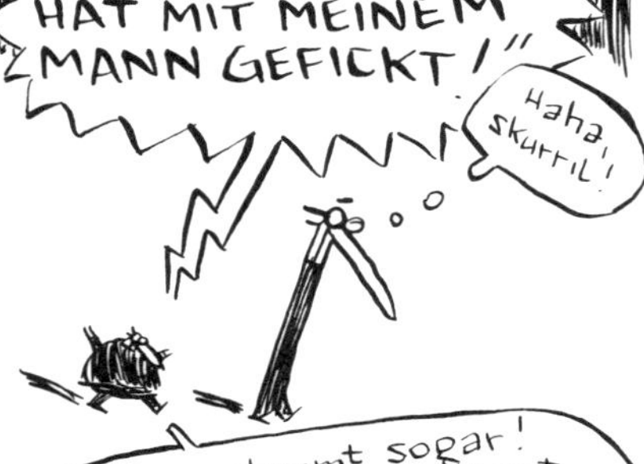

Mein Amusement währte aber nicht allzu lange, drohte doch das ausser-eheliche Geschlechtsleben des Herrn Tascherl auch auf mich zurückzufallen ...

„Die Vermieterin vom Herrn Neuwinger **fickt** mit meinem Mann ... der Herr Mahler **kennt** den Herrn Neuwinger ... Na warte, die werden **alle** dafür büssen!!!"

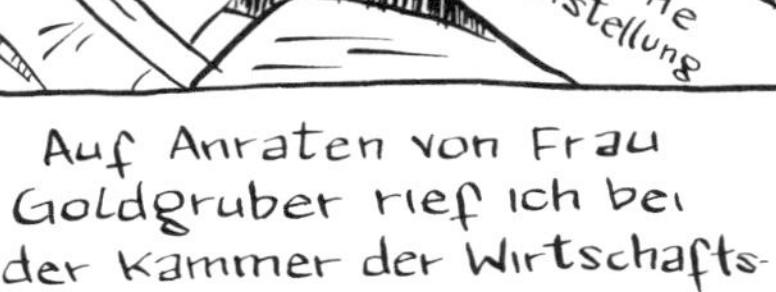

Kurz und gut: Die Frau Tascherl tauchte mit all unseren Unterlagen unter und ward nie mehr gesehen ...

Sie sind ja schon wieder zu spät dran mit ihrer Steuererklärung, Herr Mahler ... Ich hab geglaubt, Sie haben jetzt eine Steuerberaterin ...

Ja schon, Frau Goldgruber ... aber die ist geistes-krank.

Auf Anraten von Frau Goldgruber rief ich bei der Kammer der Wirtschafts-treuhänder an ...

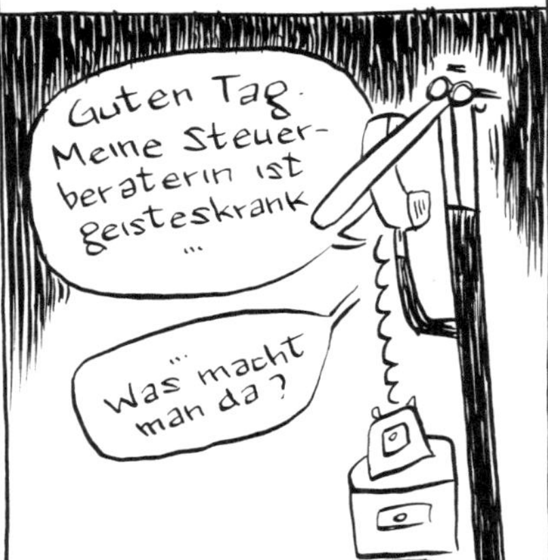

Frau Goldgruber meinte ja, dass die Frau Tascherl wahrscheinlich gar keine Konzession mehr haben kann, nach allem, was ich ihr erzählt hatte ...

Doch ...

Also eine Konzession hat die Fr. Tascherl schon noch ...

Schon noch?

Wollen Sie etwas gegen sie unter-nehmen?

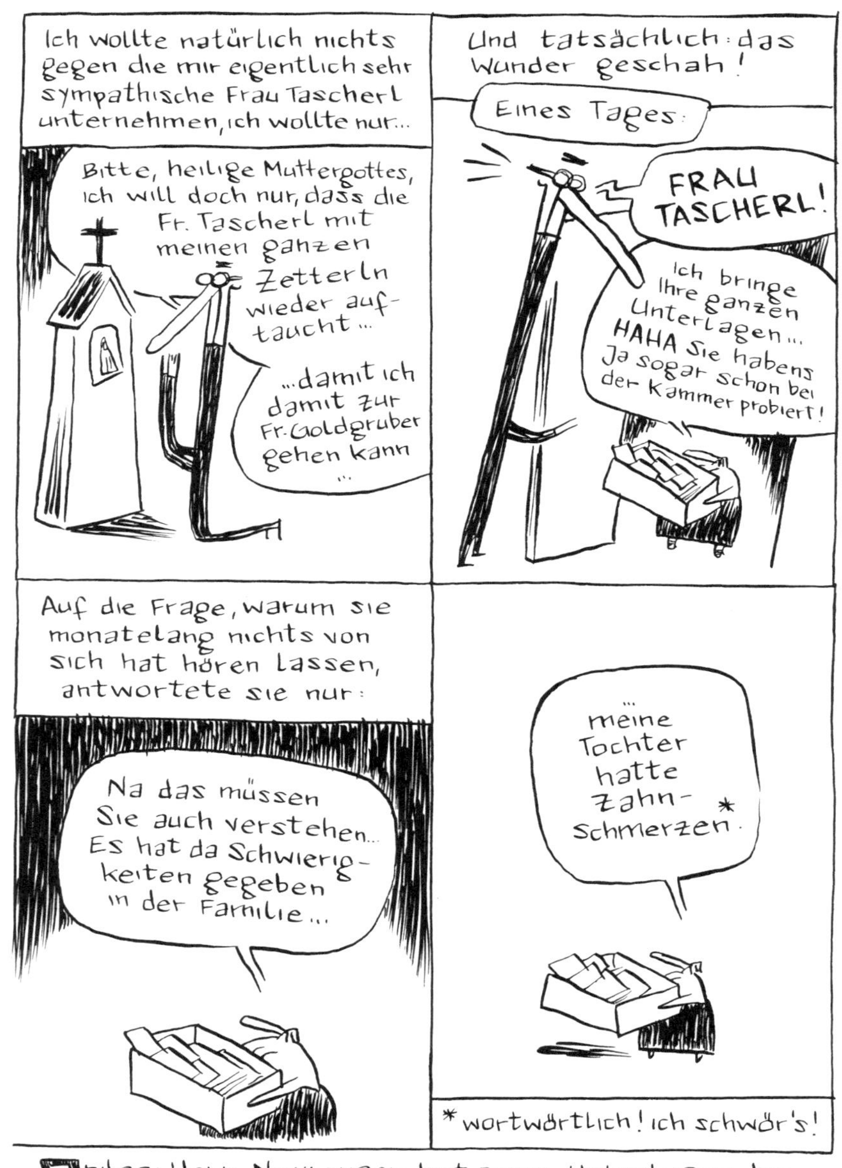

Epilog: Herr Neuwinger hat seine Unterlagen bis heute nicht wiedergesehen.

drittes Kapitel

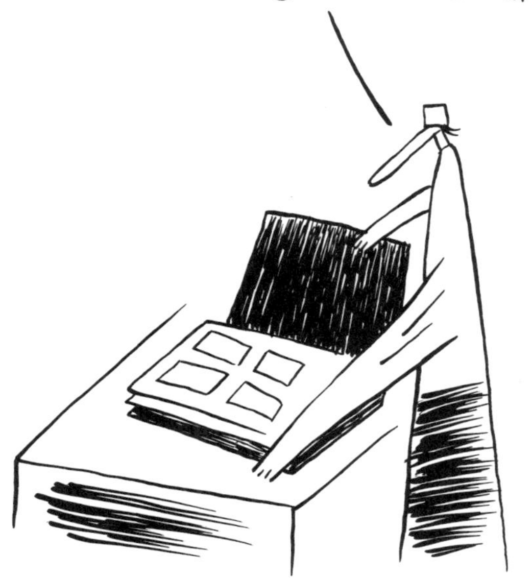

Wie gern würde ich mit dem Nacherzählen unbedeutender Ereignisse fortfahren...

doch zwingt mich der Herausgeber dieses Bändchens, endlich mit dem

theoretischen Teil

zu beginnen!!!

Comicgeschichten allein sind "**diesem Land**" ja nicht gut genug... Eine Publikation ist hier erst dann möglich, wenn der **Theoriemantel** schick sitzt, das **Diskursbett** gemacht ist und die Humorschlapferln* ausgezogen sind.

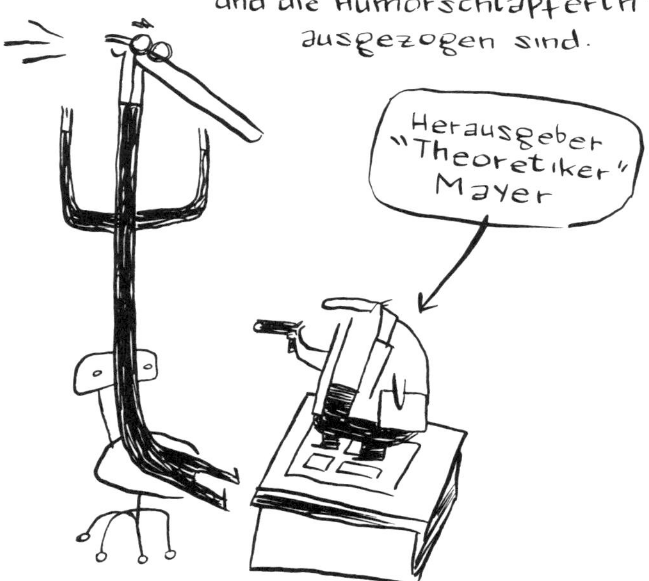

*ausser es ist **SCHLECHTER** Humor!

Liebe Studierende! Eingangs möchte ich festhalten, dass ich bislang nur schlechte Erfahrungen mit dem sogenannten "KUNSTBETRIEB" gemacht habe und jedem dringlichst davon abrate, sich in diesen HORT DER DUMMHEIT UND PRÄTENTIONEN zu begeben...

NICHT TRATSCHEN DA HINTEN !!!

Ich verschweige nicht, dass auch ich als unbedarfter junger Mensch nach künstlerischer Ausbildung strebte, ein natürlich absolut widersinniges Unterfangen!

Eigentlich wollte ich ja nur GRATIS-Zugang zu den Siebdruckmaschinen der Hochschule, aber das soll jetzt keine Entschuldigung sein...

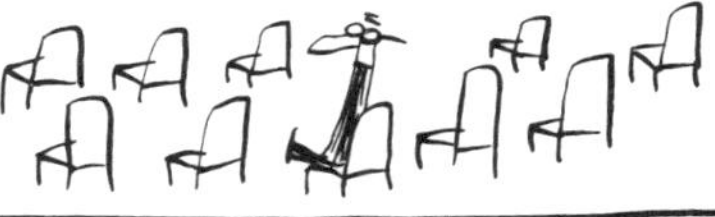

Ich möchte Ihnen nun einige Reaktionen auf mein Werk zu Gehör bringen, die das grundlegende Missverständnis zwischen der "KUNST" und dem "COMIC" auf persönlich-emotionalem Wege erfassbar machen sollen. Wie Sie -trotz Ihrer Jugend und Unerfahrenheit- sicher mitbekommen haben werden, gilt es ja in Kunstkreisen als schick, mit "Versatzstücken des Mediums Comic" zu kokettieren...

Beschwerden wegen zunehmender Textlastigkeit bitte per E-Mail an "Theoretiker" Mayer!

Sehen wir uns also nun ein paar archetypische Äusserungen diverser Kunsthochschullehrkörper an...

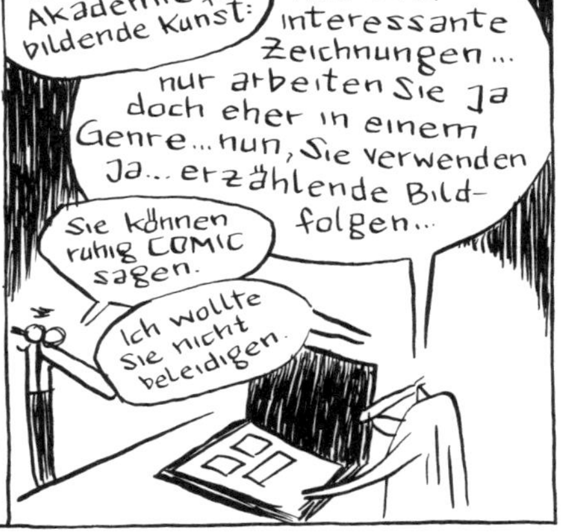

Auch Dozent Schmalix wusste nicht recht, was er mit diesen "COMIX-Zeichnungen" anfangen sollte...

Man sieht hier durchaus eine eigene Handschrift... nur ist es so, dass ich hier Künstler auszubilden habe... Wir machen ja hier HIGH Art, und was Sie da machen, ist LOW Art... Sie müssten Ihre bemerkenswerte Zeichensprache in einen künstlerisch relevanten Kontext stellen ...

Jetzt stellt sich natürlich die Frage, ob Sie das überhaupt wollen... kurz: WOLLEN SIE KÜNSTLER WERDEN?

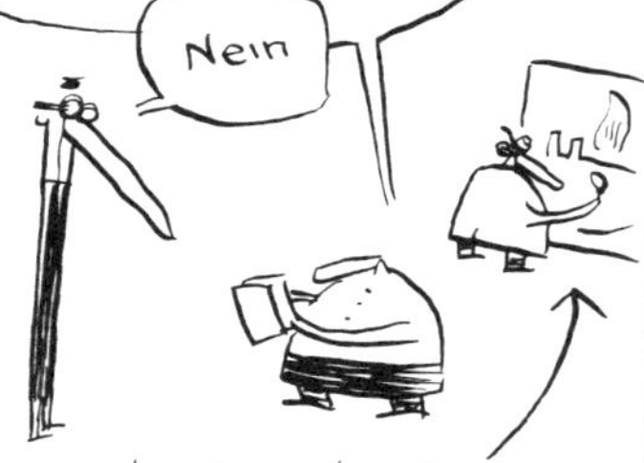

hier wurde gerade das Bildnis "verkehrter brennender Elefant" gemalt.

Und so war meine Ausbildung zum Künstler auch schon wieder abgeschlossen!

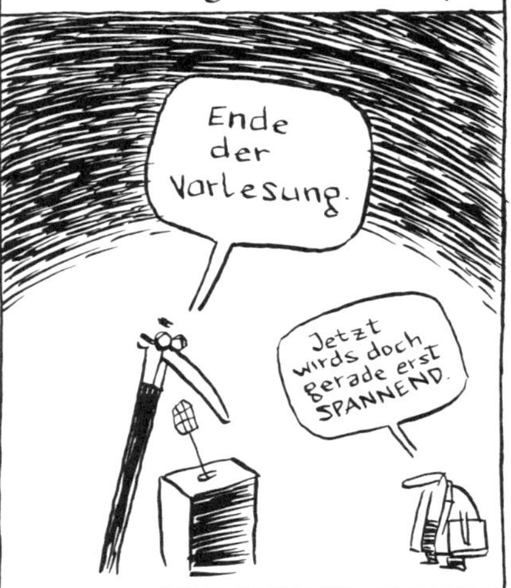

Erzähl doch noch ein bisserl was THEORETISCHES... und das Wort DISKURS ist auch noch nicht vorgekommen... DAS ist doch, was die Menschen interessiert!

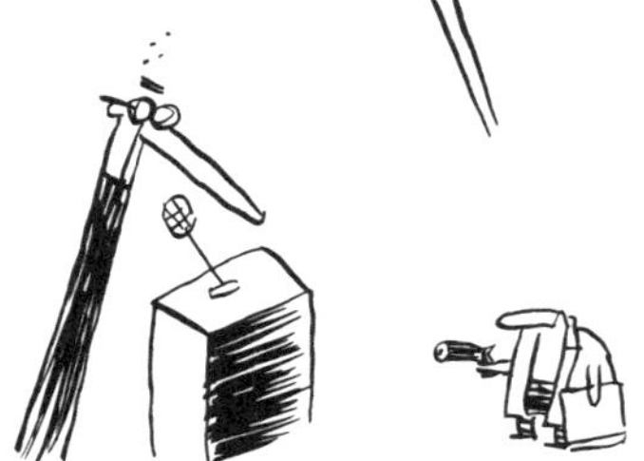

Nungut... Liebe Anwesenden, lieber "Theoretiker" Mayer, wie vorher schon kurz angerissen, gilt ja der Begriff "COMIC" im Kunstdiskurs als schick und trendy! Wieso aber wird das "MEDIUM COMIC" immer noch als künstlerisch wertlos angesehen?

Wie Dozent Schmalix ganz richtig erkannte, wird COMIC erst dann zur KUNST, wenn die Zeichnung in einen "kunstrelevanten Kontext" gestellt wird... Was meist bedeutet, dass das COMIC auf EIN MOTIV reduziert wird...

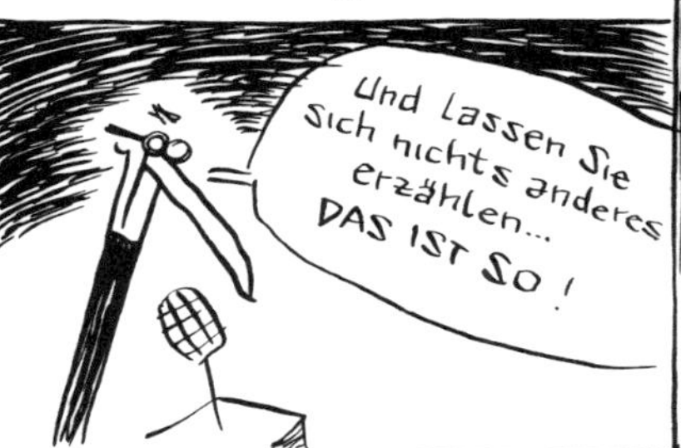

Nun wird dem Comic dadurch aber das genommen, was es ausmacht: Die Erzählung in MEHREREN BILDERN.

Sind Comics also Kunst? NEIN, nicht, wenn sie das Medium ernst nehmen...

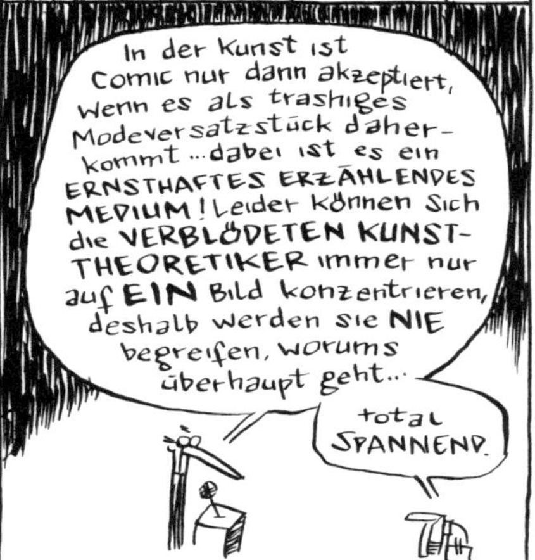

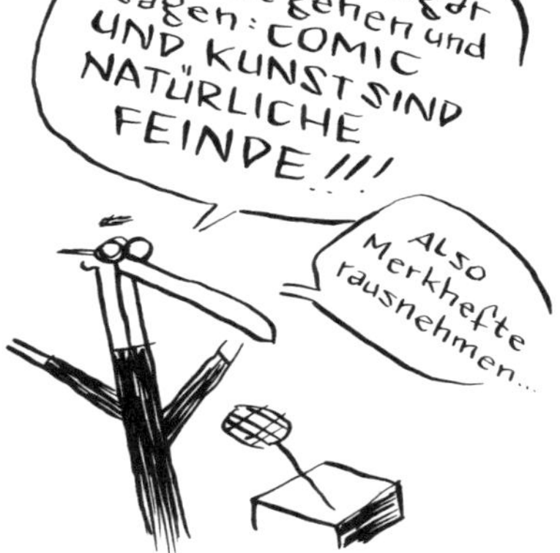

WAS WILL KUNST ?
Ein wertvolles Original, zumindest einen möglichst limitierten Druck – damit die Besitzer unter sich bleiben ...

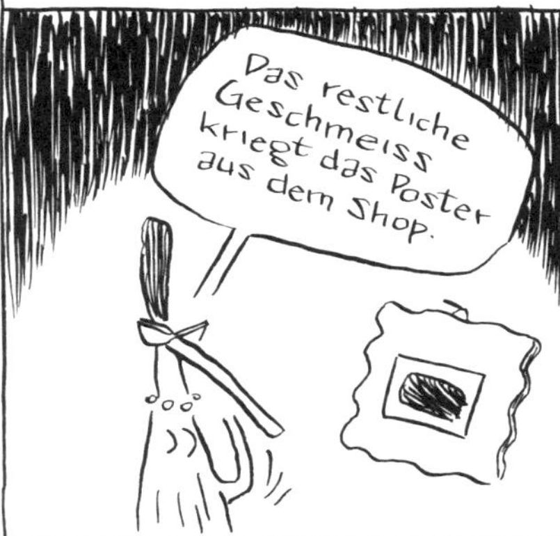

WAS WILL COMIC ?
Eine Veröffentlichung in Heft- oder Buchform – in möglichst grosser Verbreitung ...

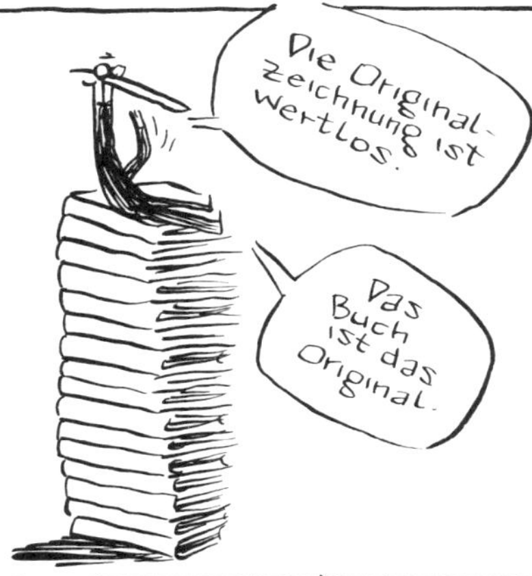

Nun gibt es auch immer wieder Ausstellungen, die Original-Comicseiten zeigen ...

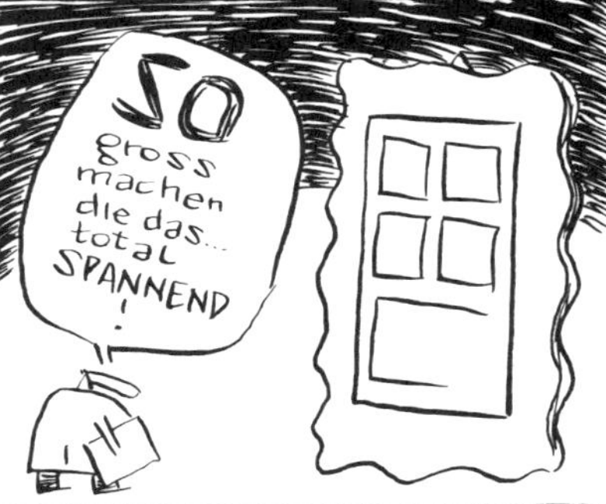

Nun kommt das der herkömmlichen Kunstauffassung schon recht nahe (= hängt im Museum), ist aber...

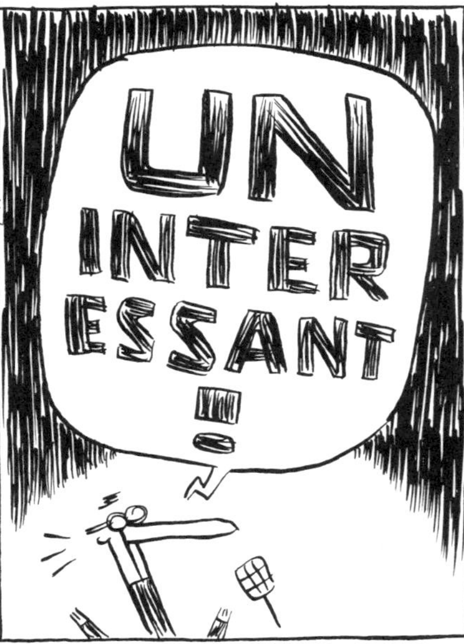

Die Comicseite wurde ja für den **DRUCK** gezeichnet, und nicht fürs **MUSEUM**. Die Erzählung ist wichtig, und nicht die einzelne Seite. Deshalb sind Comicausstellungen das langweiligste, was es überhaupt gibt...

Noch jämmerlicher allerdings sind Comiczeichner, die, um die Anerkennung der Kunstwelt zu erheischen, plötzlich beginnen, 10x2 Meter Leinwände zu bemalen!!!

Aber das ist ja **GENAU DAS**, was du zur Eröffnung deiner Ausstellung in der Galerie der Stadt Wels machen sollst... Heisst das, die Ausstellung ist abgesagt?

Wieso?

Schimpfen wird man ja wohl noch dürfen... ich mach ja dann eh bei allem mit...

Zum Abschluss ein Tipp an unsere jungen Freunde:

SCHEISSET AUF DIE ERZÄHLUNG, MALET TRASHIGE ORIGINAL-BILDCHEN, GEHET HIN, ZEIGET SIE EUREM GALERISTEN...

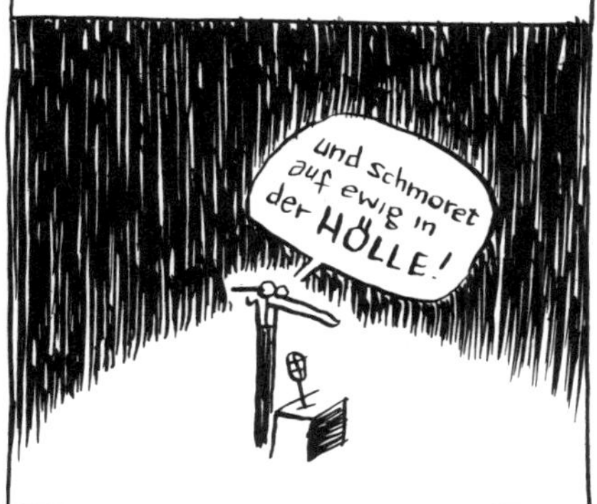

Ein gutes Comic aber gehört – wie jedes Buch – in die **BUCHHANDLUNG**... und nicht ins **MUSEUM**!

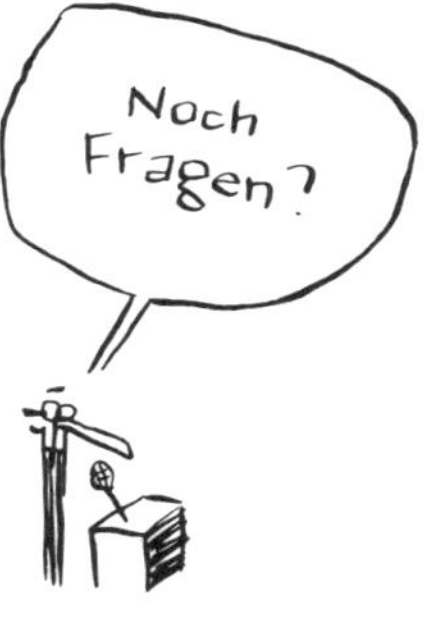

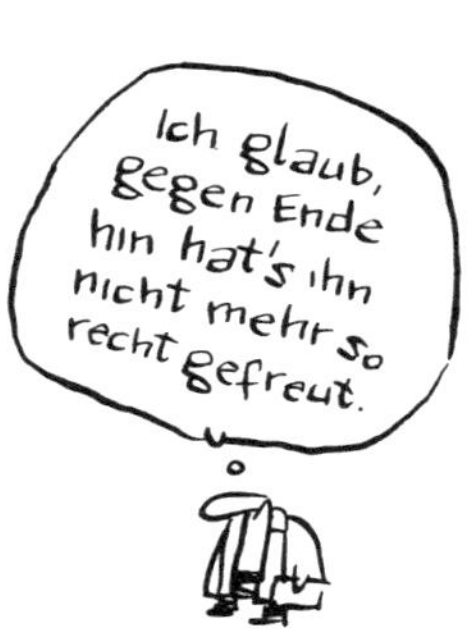
Ich glaub, gegen Ende hin hat's ihn nicht mehr so recht gefreut.

Viertes Kapitel

"Können Sie mir einen guten PORNO empfehlen?"

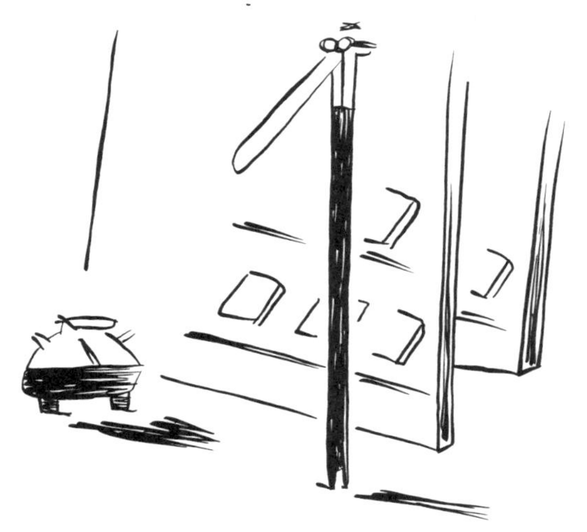

In meinen Anfängen als Comiczeichner arbeitete ich nebenher in einer Videothek.

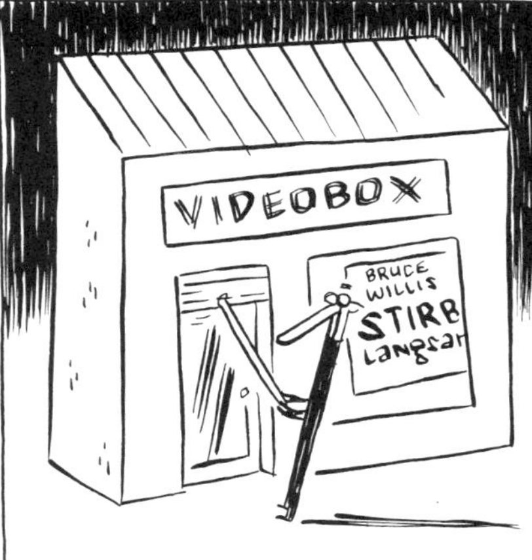

Der Mangel an Kundschaft erlaubte es mir, während der Arbeitszeit an meiner ersten (täglich erscheinenden) Zeitungs-Strip-Serie zu zeichnen...

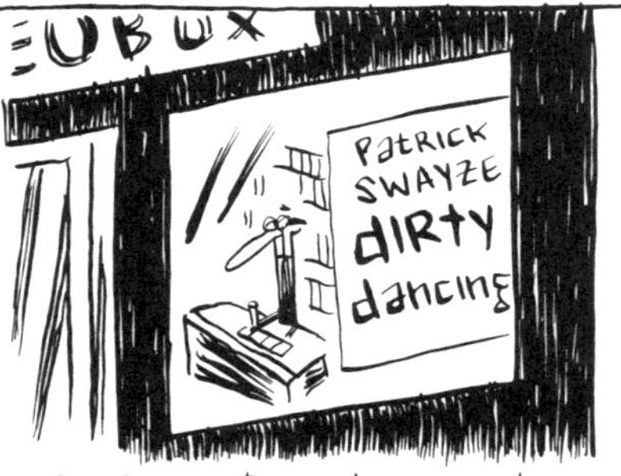

Ein Tagesstrip ist eine gute Übung für jeden Anfänger... Man lernt, dass man nicht immer Qualität abliefern kann.

Meine Chefin fand die Tatsache, dass ich "COMICZEICHNER" war, irgendwie skurril...

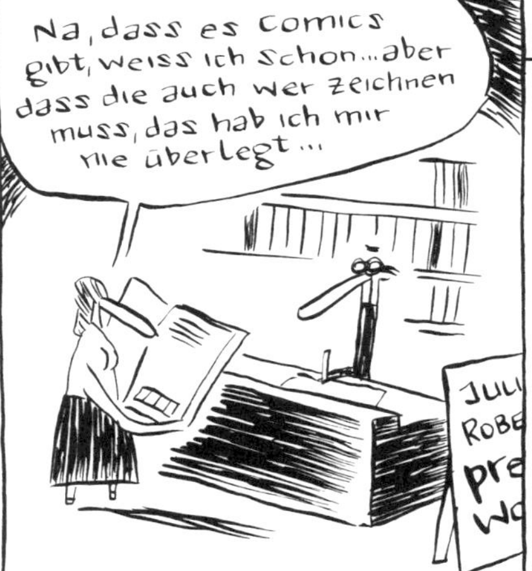

Die Videothek war extrem schlecht bestückt... es gab nur 4 oder 5 erträgliche Filme... der Rest war Schrott.

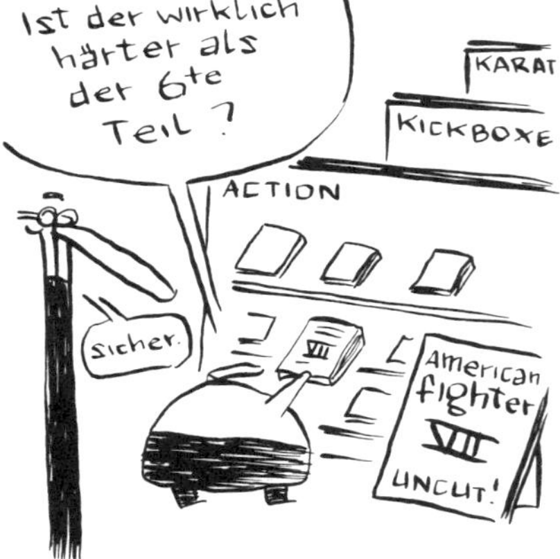

Das "HERZSTÜCK" der Videothek war das sogenannte "PORNOKAMMERL"... Am ersten Arbeitstag gab meine Chefin eine kleine Führung...

Achten Sie immer darauf, dass die VTOs gut plaziert sind... die VTOs sind ja bei der Kundschaft sehr beliebt...

Ahja

Ich fragte mich, was denn VTOS überhaupt waren... Irgendwie wäre es mir aber auch peinlich gewesen, vor meiner Chefin diese WISSENSLÜCKE zuzugeben... Ich war mir sicher, dass ich schon noch dahinterkommen würde.

Also das T steht sicher für TIERE... das O... vielleicht für ORAL... ...nur das V...? Für VOTZE... oder VIBRATOR? Na auch egal...

Später stellte sich heraus, dass mit VTO das Pornolabel VIDEO THERESA ORLOWSKI gemeint war... Die VTOs hatten grössere Budgets als andere Pornos, und damit auch schönere Kulissen, bessere Kostüme, interessantere Kameraarbeit und Ausleuchtung... Kurz: Alles, was der Pornoconnaisseur begehrte.

Das "PORNOKAMMERL" war durch eine kleine Schwingtür vom "familienfreundlichen Teil" der Videothek abgetrennt. Die Tür quietschte ein bisschen, was beim raschen Betreten des "PORNOKAMMERLS" so klang:

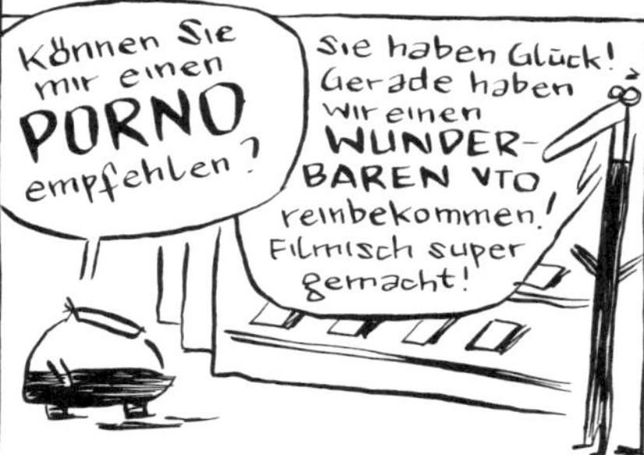

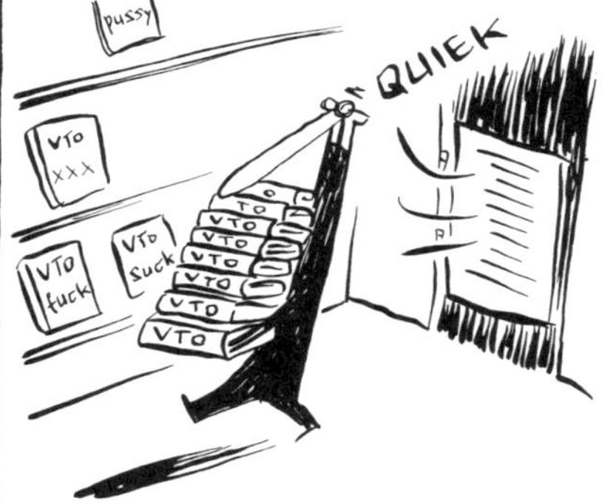

Da die meisten Kunden einen unbeobachteten Moment abwarteten, in dem sie ins "PORNOKAMMERL" schleichen konnten, klang das Ganze – bedingt durch das langsame Türöffnen – oft allerdings eher so:

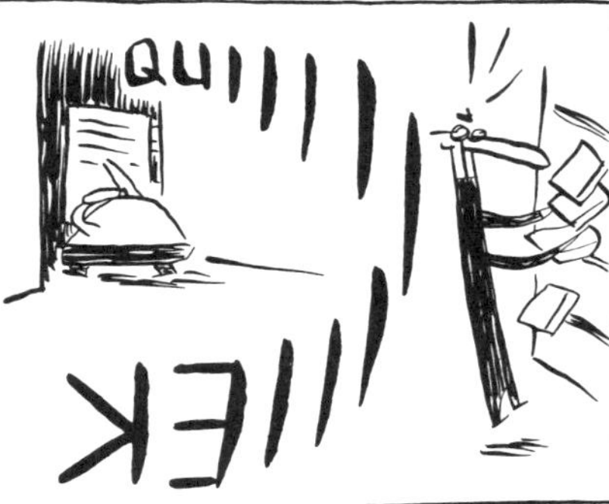

Mit der Zeit bekam ich ein gutes Gespür für potenzielle "PORNOKAMMERL"-Interessenten ... Sofort tat ich auffällig beschäftigt, um ihnen den "ABGANG" zu erleichtern. Aber natürlich gab es nicht NUR verschämte "PORNOKAMMERL"-Benutzer...

Mit der Zeit erlahmte meine Freude am Videothekarsdasein zunehmend ... Und auch die Kunden waren nicht zufrieden ...

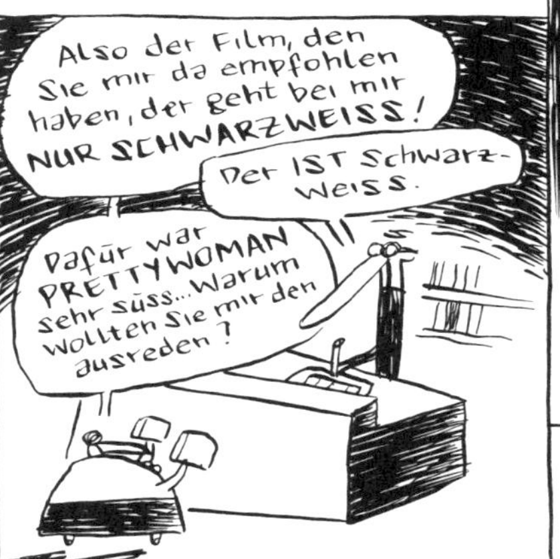

Nur eine ältere Stammkundin schien von meinen Filmtips angetan ...

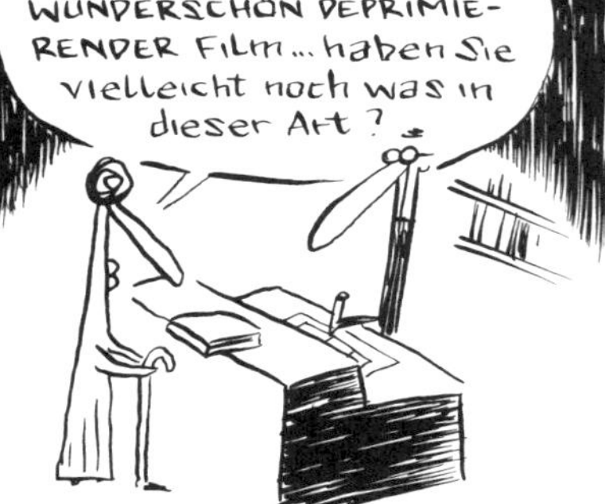

Leider ist sie dann eines Tages nicht mehr gekommen... Hoffentlich hat sie sich nichts angetan!

Zu den anderen Kunden hatte ich ein weniger gutes Verhältnis. Und die Manieren verrohten zusehends...

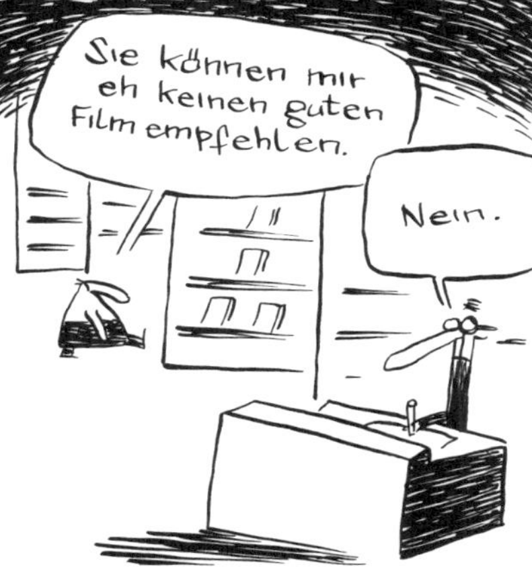

Dennoch kann ich so einen Job nur jedem angehenden Zeichner anraten... Man lernt den schlechten Geschmack des Publikums kennen... beliebt ist immer nur der GRÖSSTE DRECK!

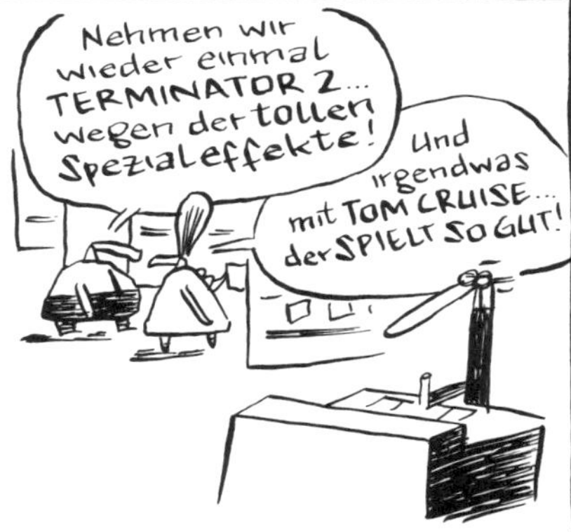

Manchmal riet ich meiner Chefin zum Kauf bestimmter Filme ... die natürlich NIE ausgeliehen wurden...

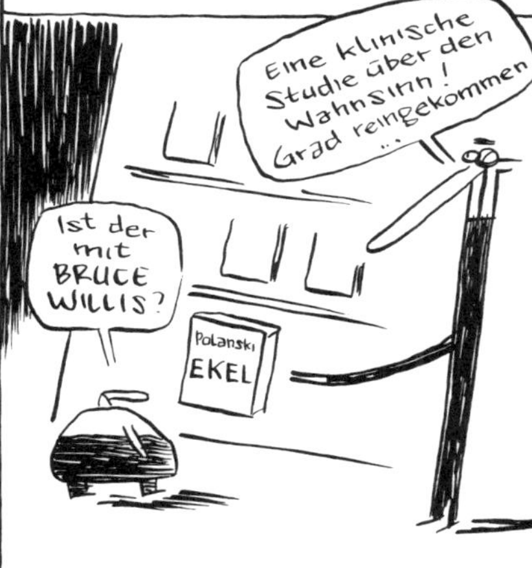

Ein schwerer Fehler, mich beim Filmeinkauf mitreden zu lassen, ich hab ja einen todsicheren Instinkt dafür, was die Leute NICHT wollen...

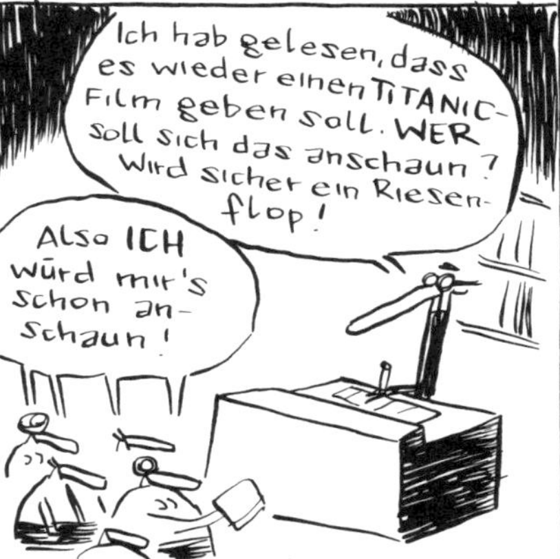

Trotz allem... Die meisten Tage waren eigentlich ganz angenehm: ich sperrte in der Früh die Videothek auf...

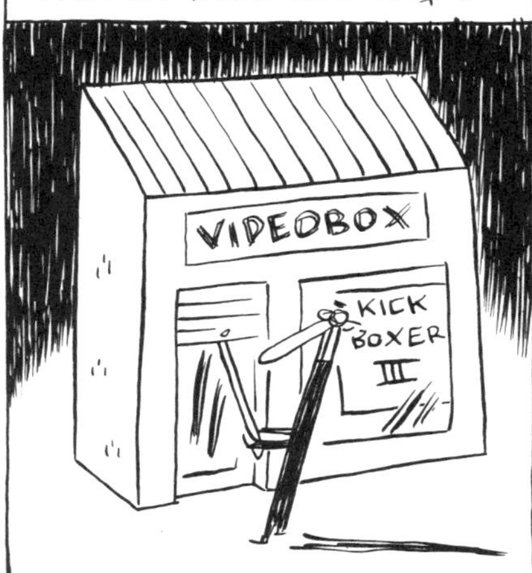

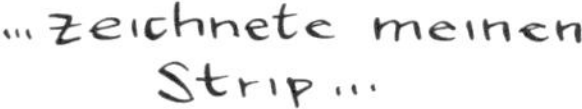

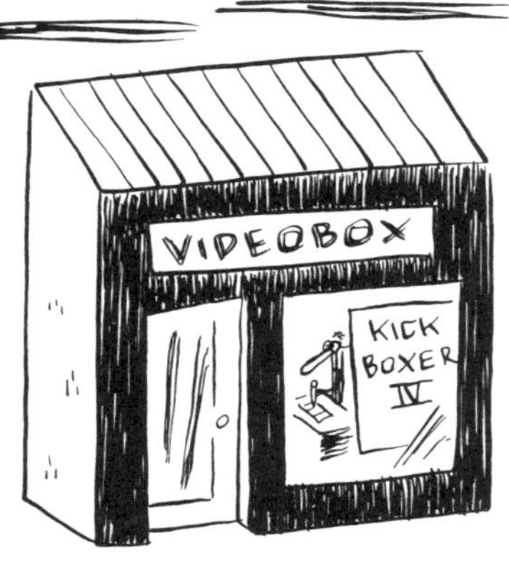

... und sperrte am Abend wieder zu.

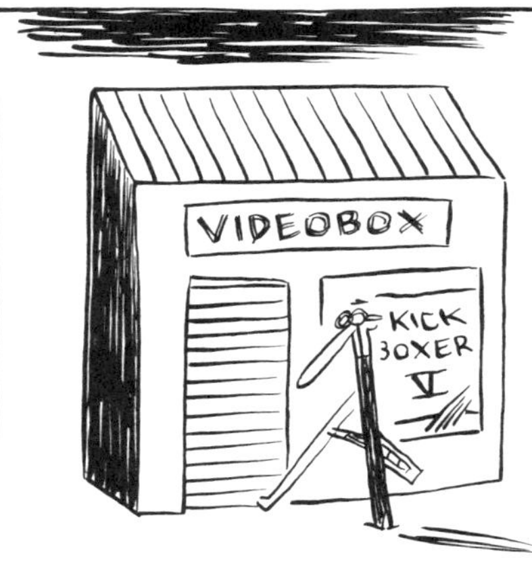

Meist war KEIN EINZIGER Kunde gekommen.

War gar nicht schlecht, der Job...

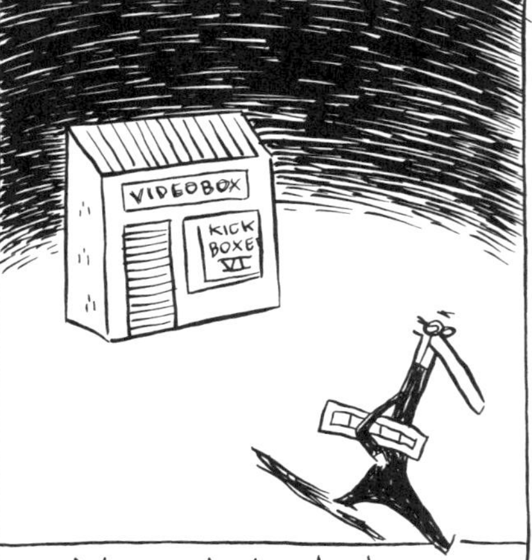

Wieso hab ich ihn eigentlich aufgegeben?

fünftes Kapitel

„Ich werde euch heute etwas über den Humor erzählen…"

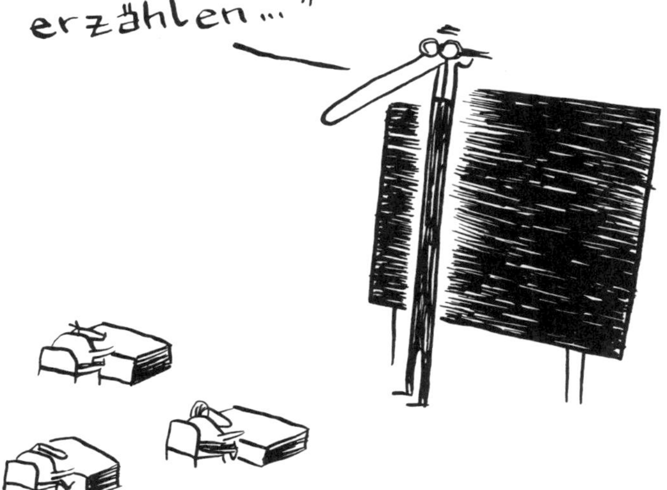

In einem Anfall besonderer Langeweile beschloss ich, auf einer Volkshochschule Comic-Unterricht zu geben ...

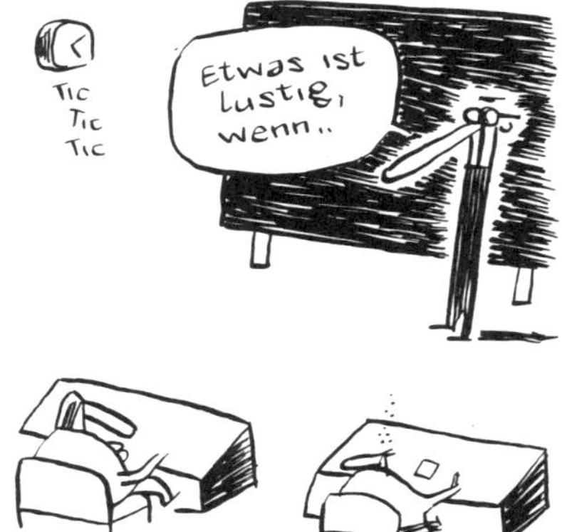

Die "Schüler" waren nicht sonderlich motiviert ... Die meisten hatten keine Materialien mitgebracht, lasen keine Comics und schienen auch nicht gern zu zeichnen ...

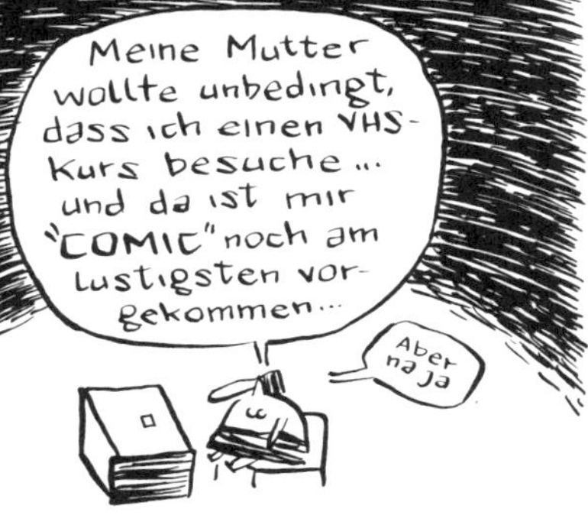

Dementsprechend sahen auch ihre Arbeiten aus ... und ich bin ein schlechter Lügner ...

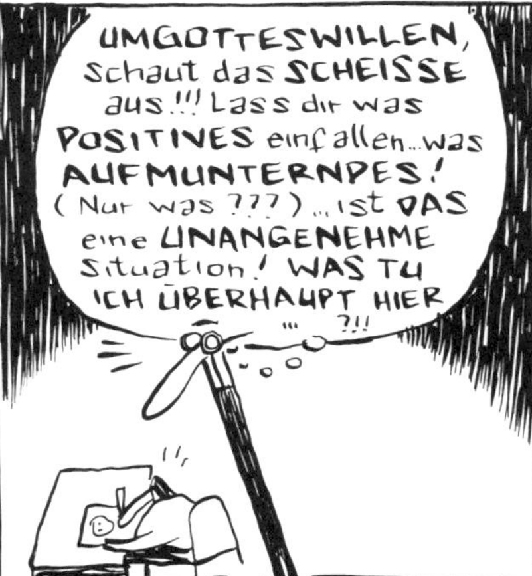

Kurz: Es war ein Fiasko ...

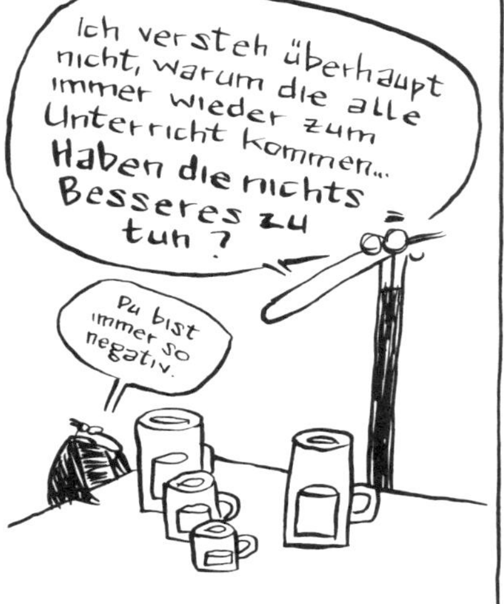

Gegen Ende des Kurses fiel ich dem ersten Glatteis des Jahres zum Opfer. Ich war gerade dabei, die Sonntagszeitungen zu ...

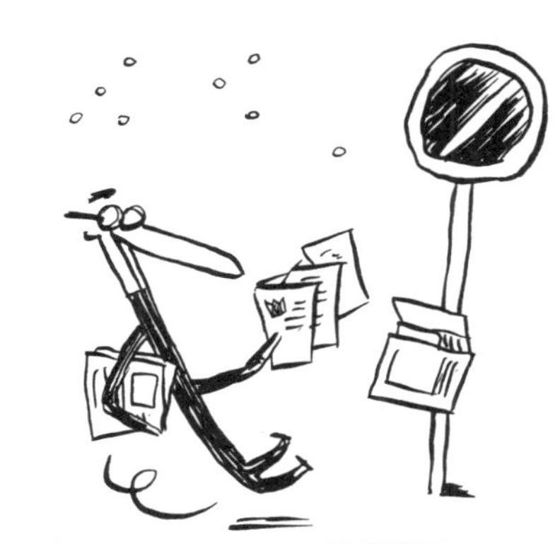

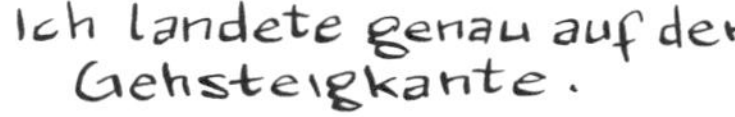

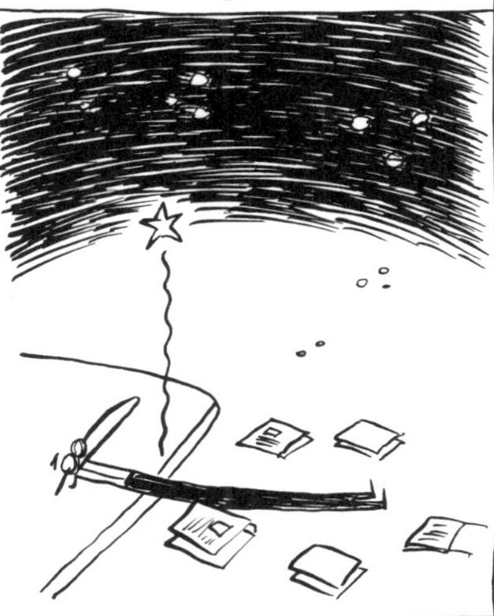

Der Arm war gebrochen ... was den Arzt auf der Ambulanz sehr amüsierte.

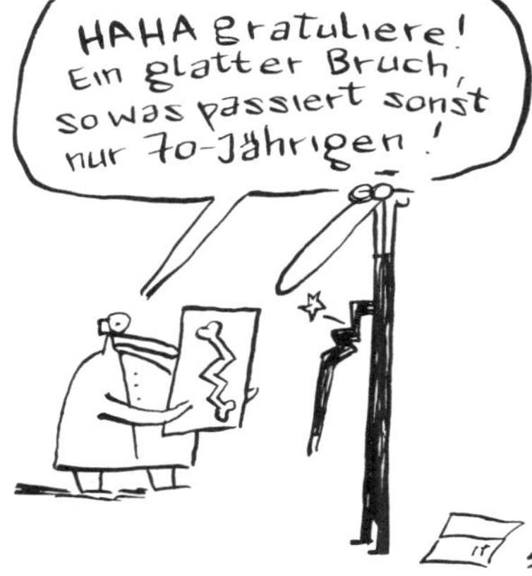

Und so kam es, dass Kollege Neuwinger meine Lehrtätigkeit übernahm ..

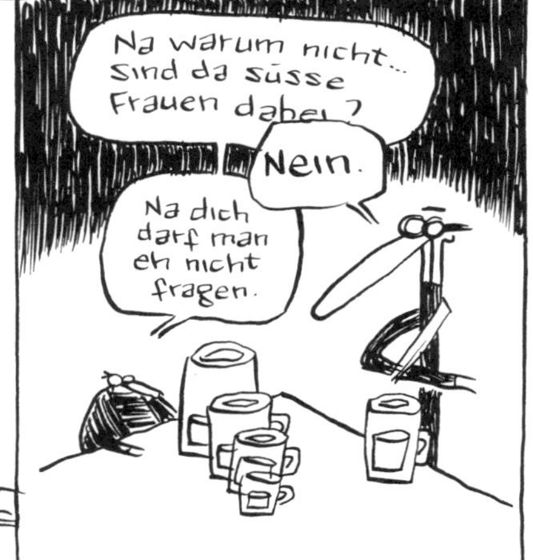

Nach seinem Ersatzunterricht überschlug er sich vor Begeisterung...

Was **DU** immer redest! Die sind doch eh alle sehr interessiert... und die eine ist ziemlich süss! Hab sie sogar mit dem Auto heimgebracht... könnt was draus werden... es ist eh an der Zeit, an eine Familie zu denken...

Die letzte Stunde beschloss ich dann doch -trotz gegenteiliger Abmachung- wieder selbst zu halten...

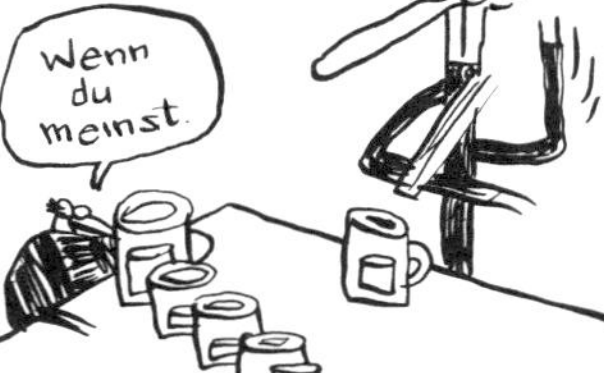

Doch **niemand** erschien zum Unterricht.

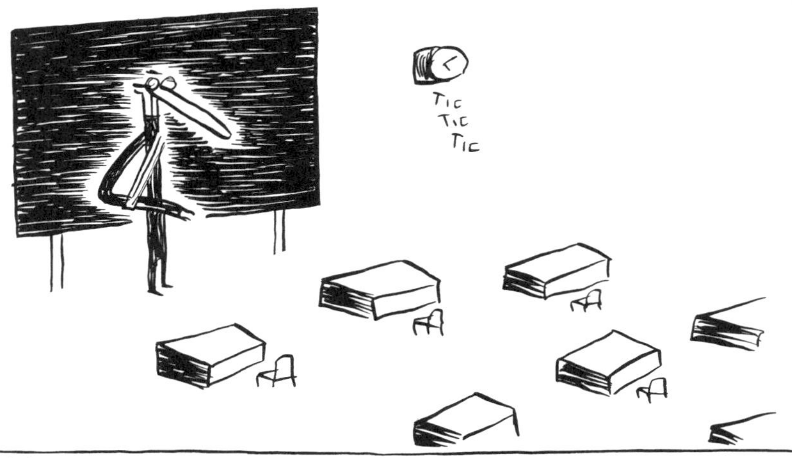

Was Kollege Neuwinger wirklich gelehrt hatte... ich werde es nie erfahren.

Sechstes Kapitel

" Ich hab
keine
Lust. "

Jahre später sollte ich die Sponsoren des Schweizer Comic-Festivals FUMETTO durch meine Ausstellung führen.

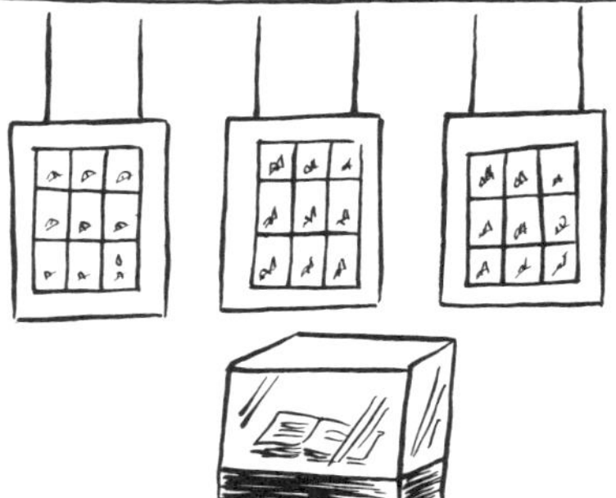

Die Ausstellung war betont trocken angelegt, weil mir Comicausstellungen, die mit "TRASH-APPEAL" punkten, immer mehr auf die Nerven gehen ...

Dementsprechend spannend fiel auch meine Führung aus.

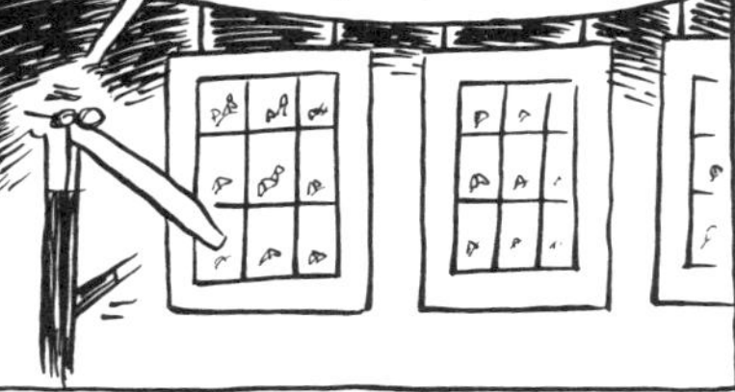

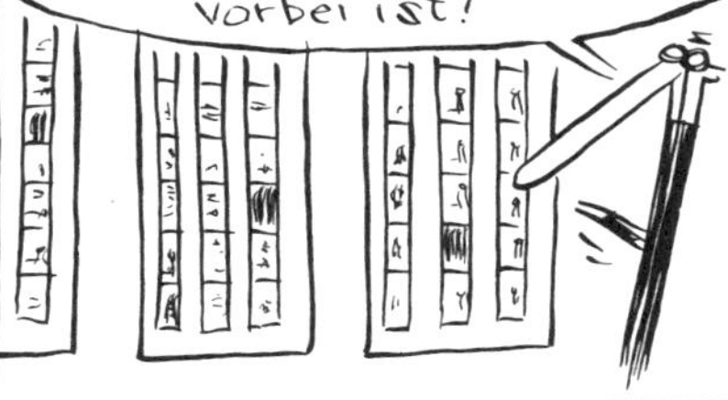

Ich war mit meinem Vortrag eigentlich ganz zufrieden, doch...

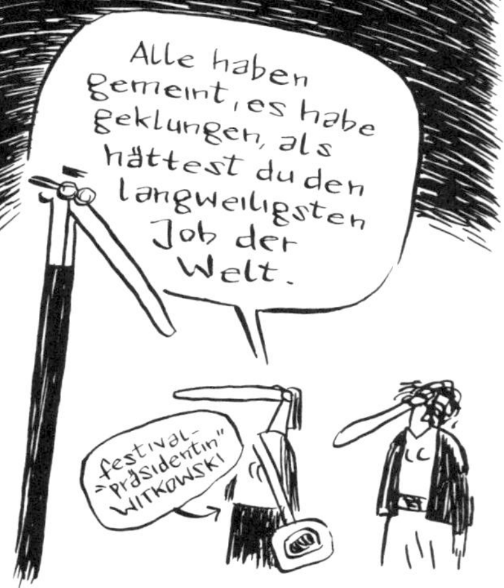

NA UND ?!! Es stimmt ja auch... es IST langweilig, besonders wenn man HEIMARBEITER ist wie ich. Man hat ja nicht einmal Kollegen ...

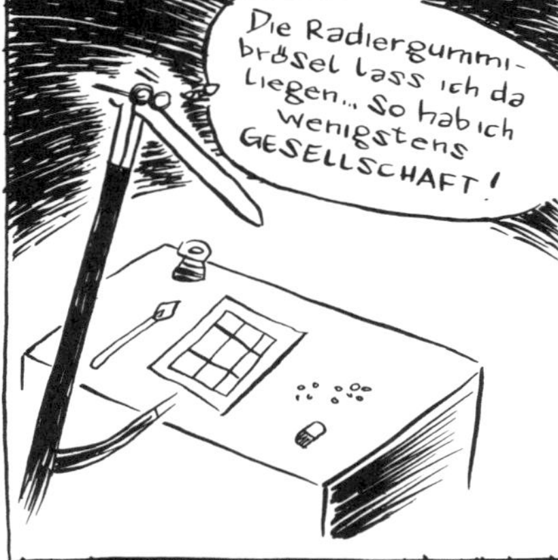

Vor Jahren hab ich versucht, mit Kollegen Neuwinger eine ATELIERGEMEINSCHAFT zu gründen... Das gemeinsame Arbeiten sollte uns anspornen und zu Höchstleistungen treiben. Aber:

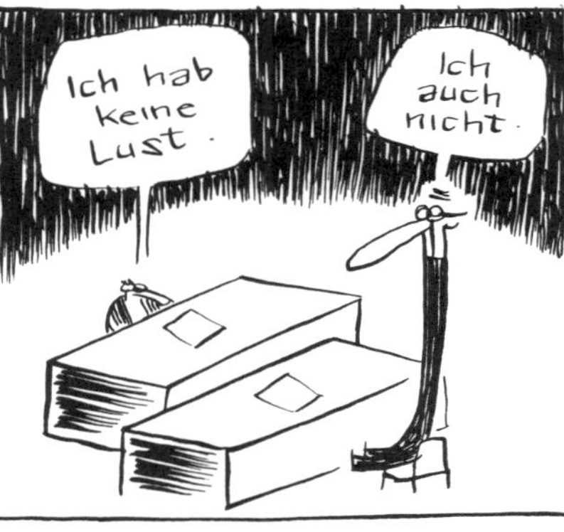

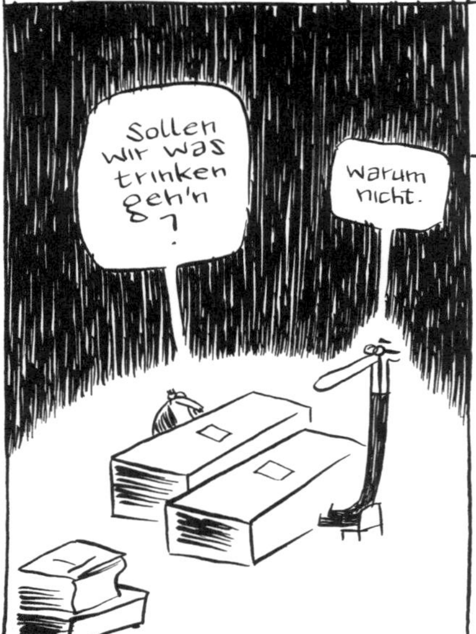

Schon bald konnte man uns eher in unserem damaligen Stammlokal ("UZZI") antreffen, als im "Atelier" ...

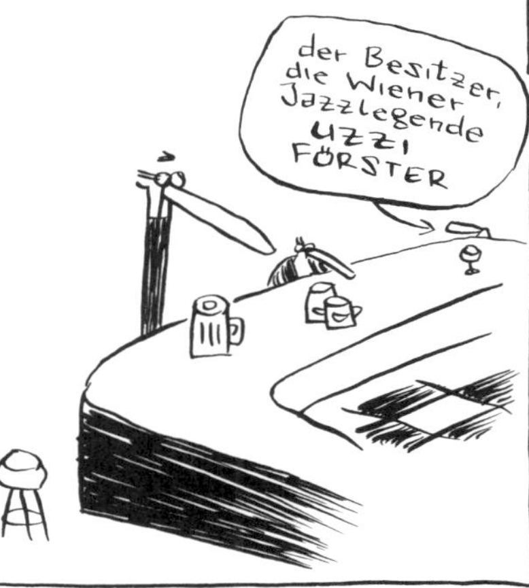

Ich hab das Lokal eigentlich nie mögen. Andauernd belästigten einen irgendwelche anderen Stammgäste mit ihren **PERSÖNLICHEN NEUROSEN**...

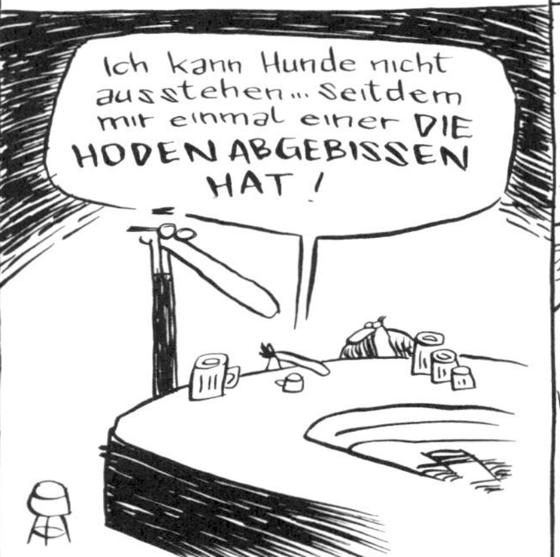

Immerhin konnte ich die langweiligen **JAHRE**, die ich dort verbrachte, später als Inspiration für mein Epos **LONE RACER** nutzen.

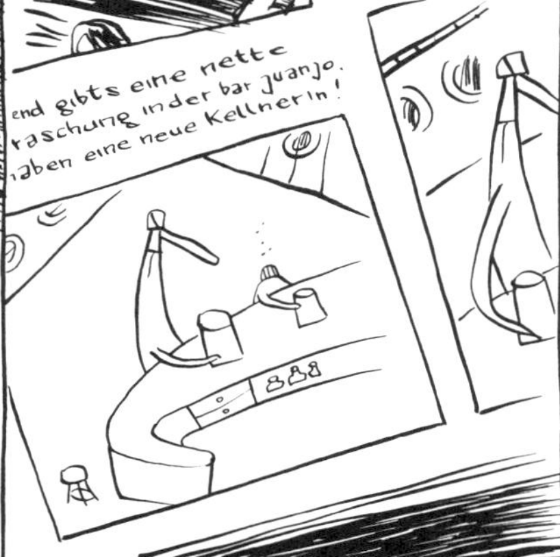

Neuwinger parkte sein Auto tagtäglich **DIREKT VORM LOKAL**... natürlich im absoluten **HALTEVERBOT**.

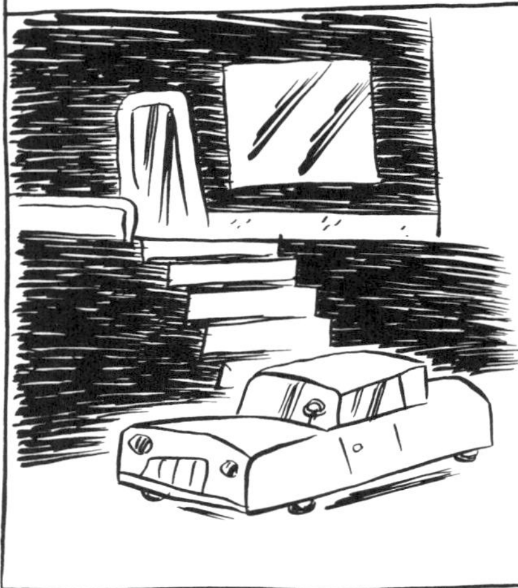

Bald schon hatte er eine schöne Sammlung von **STRAFMANDATEN**. Sie waren überall: im Handschuhfach, auf den Rücksitzen... bezahlt hat er natürlich **KEIN EINZIGES**.

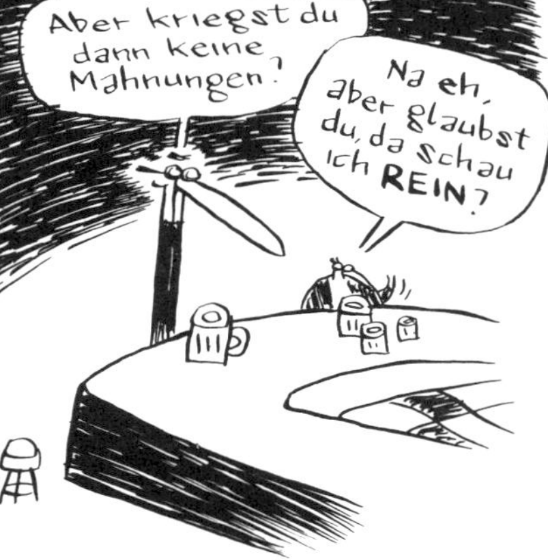

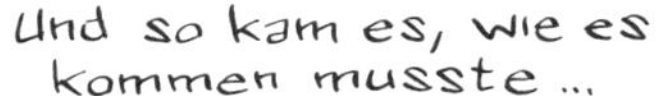
Und so kam es, wie es kommen musste ...
Ich bins! ... Ich kann heut nicht zum UZZI kommen. Ich bin grad am POLIZEI-KOMMISSARIAT, ich bin verhaftet worden ... Wegen der Strafmandate, weisst eh. Ich könnt aber auf Kaution freikommen.
Glaubst du, du kannst genug Geld aufstellen?
Du müsstest dann damit herkommen und...
piiip piiip piiip

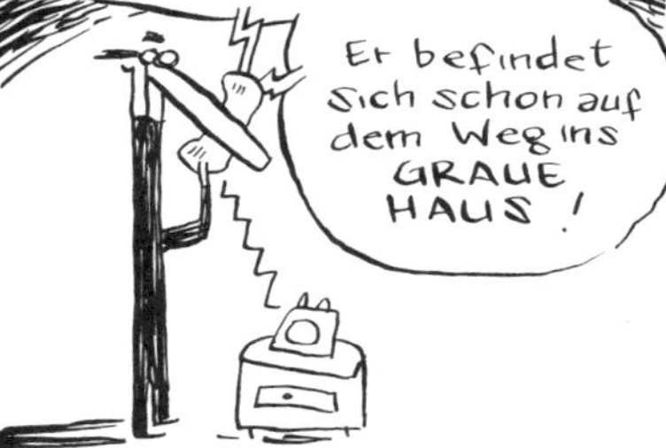
Kurz darauf rief ich beim Kommissariat an, um mitzuteilen, dass ich mich mit der Kaution auf den Weg machen würde ...
Ja da sind Sie leider ein bisserl spät dran... der Hr. Neuwinger ist gerade ABGEFÜHRT worden ...
Er befindet sich schon auf dem Weg ins GRAUE HAUS!

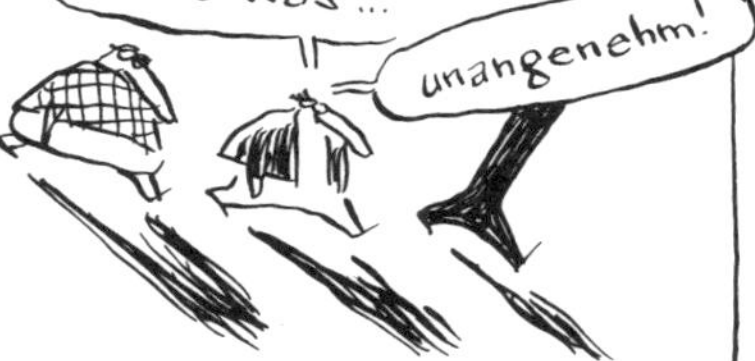
Ich fuhr also - zusammen mit Heinz Wolf - ins GRAUE HAUS ... Dort war man sichtlich amüsiert:
Ah, den Falschparker wollens auslösen, sehr gut ... Schaun Sie sich dem seine Strafmandate an ... das ist ein WAHNSINN ...
Als er die Zelle dann verlassen durfte, war Kollege Neuwinger sichtlich erleichtert.
PUH, DAS WAR KNAPP! Ich hab nämlich schon dringend GROSS AUF'S KLO müssen ...
Wenns ihr später gekommen wärds, hätt ich das VOR DEN ANDERN HÄFTLINGEN machen müssen!
Da gibts ja keinen Sichtschutz oder so was ...
unangenehm!

Der erste Weg nach der Haftentlassung führte ihn natürlich ins "UZZI".

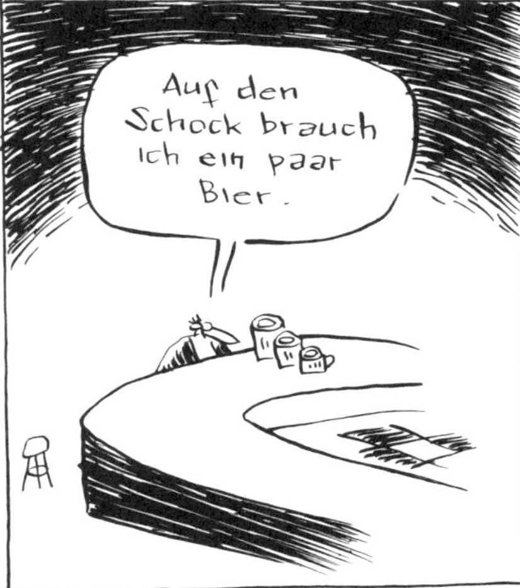

Ich selbst hatte meine "UZZI"-Besuche ja drastisch eingeschränkt... Neuwinger aber sass noch Jahre dort ab...

Zum Glück ist auch er dann irgendwann nicht mehr hingegangen... Seine Erinnerungen an die "UZZI-Jahre" erweisen sich heute als etwas lückenhaft...

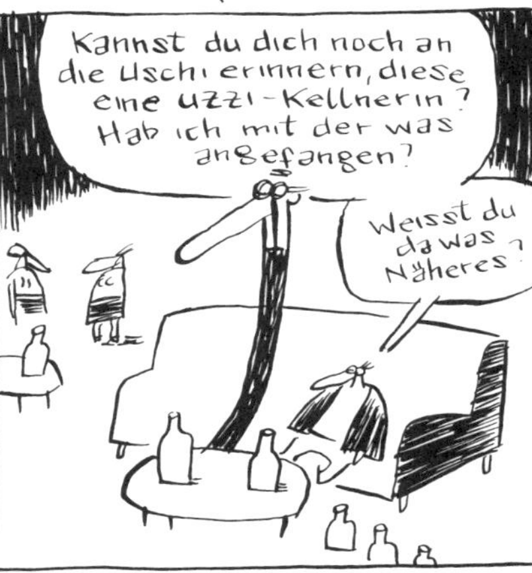

Unser Atelier haben wir bald wieder aufgegeben. Ich hab seitdem nicht mehr versucht, mit jemandem zusammenzuarbeiten.

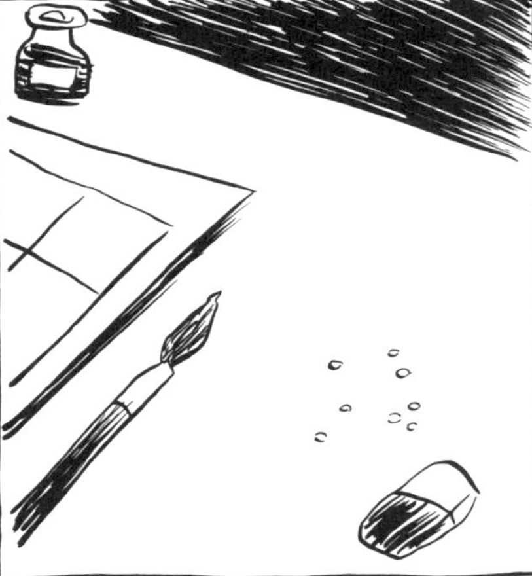

Siebentes Kapitel

„Für was ist das gut?"

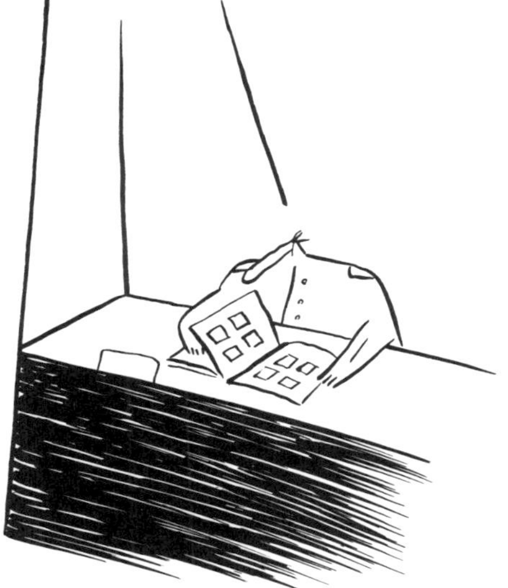

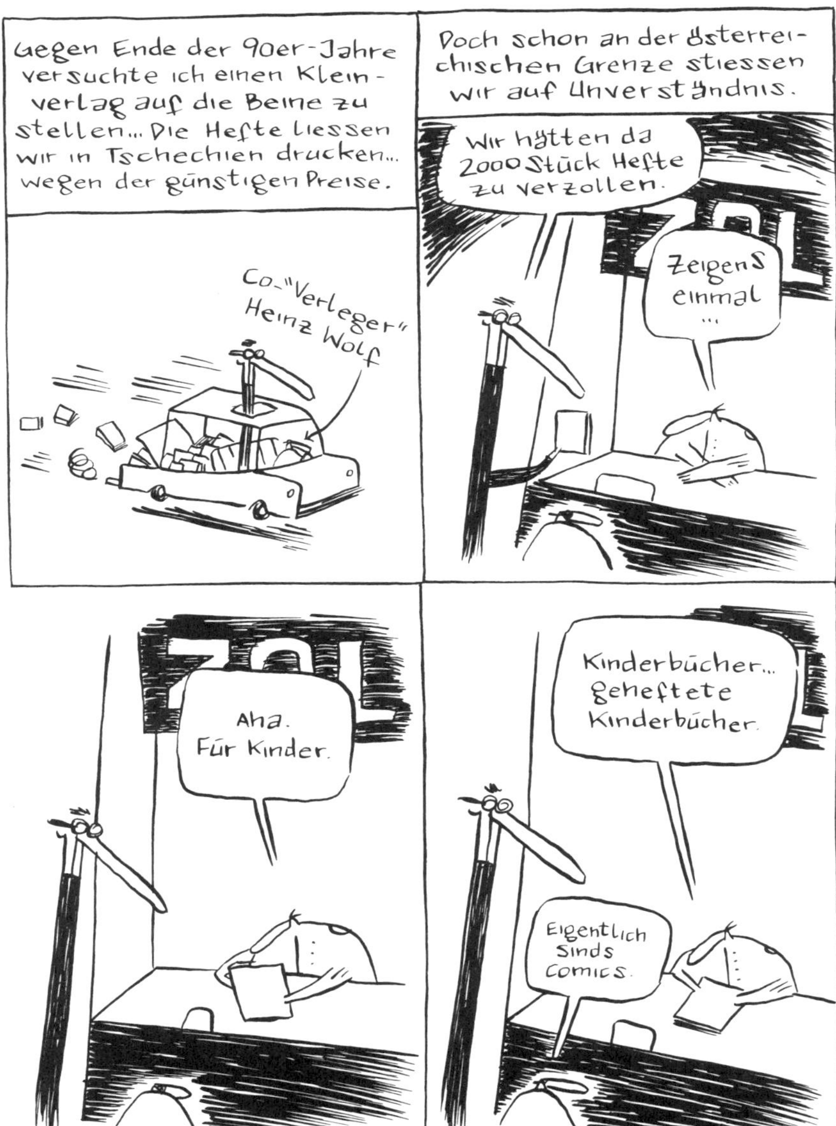
Gegen Ende der 90er-Jahre versuchte ich einen Klein-verlag auf die Beine zu stellen... Die Hefte liessen wir in Tschechien drucken... wegen der günstigen Preise.
Co-"Verleger" Heinz Wolf
Doch schon an der österrei-chischen Grenze stiessen wir auf Unverständnis.
Wir hätten da 2000 Stück Hefte zu verzollen.
Zeigens einmal ...
Aha. Für Kinder.
Kinderbücher... geheftete Kinderbücher.
Eigentlich sinds Comics.

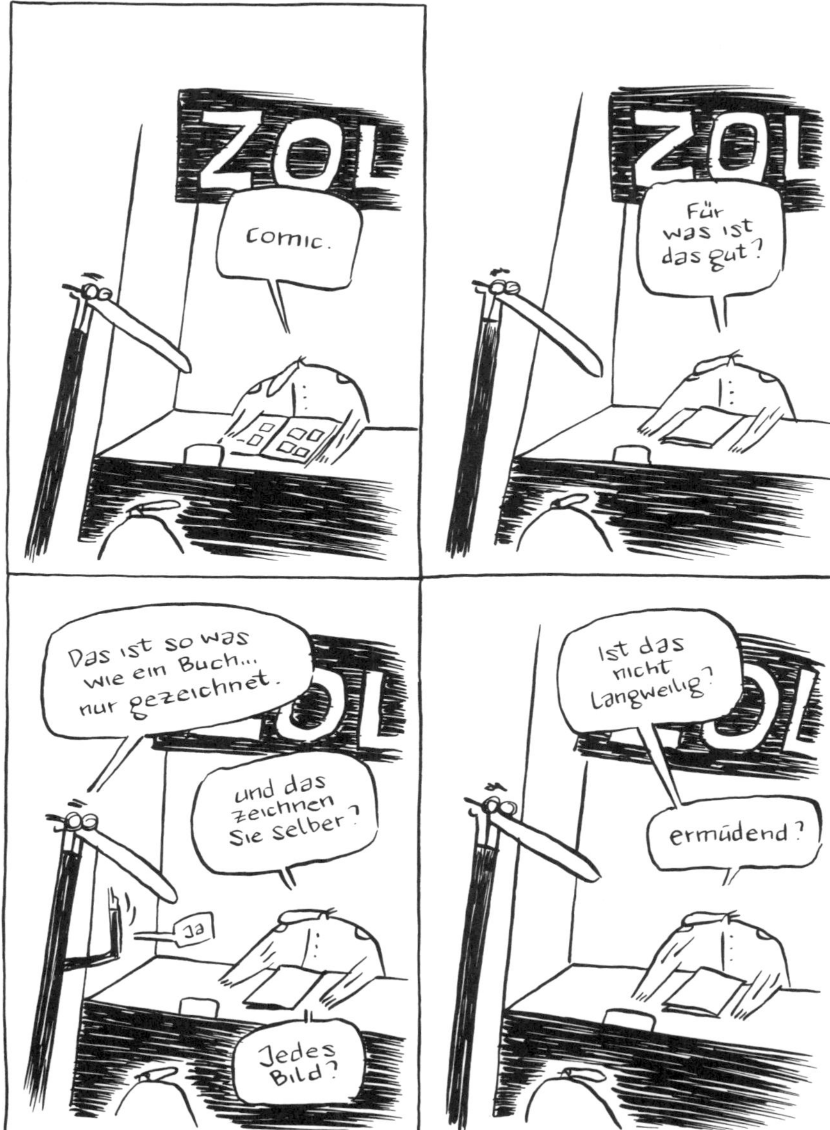
ZOL
Comic.
ZOL
Für was ist das gut?
Das ist so was wie ein Buch... nur gezeichnet.
ZOL
und das zeichnen Sie selber?
Ja
Jedes Bild?
Ist das nicht Langweilig?
ZOL
ermüdend?

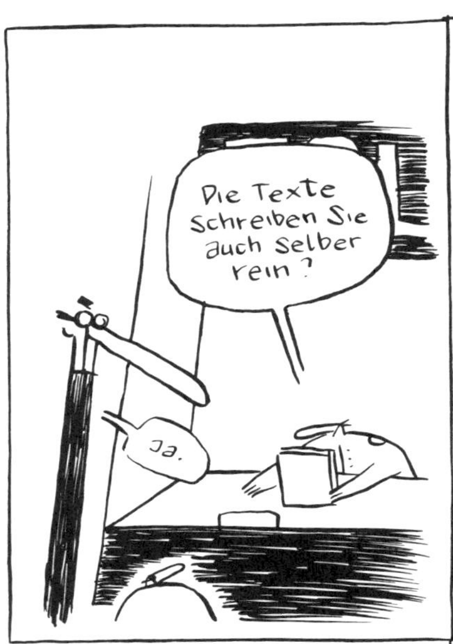
Die Texte schreiben Sie auch selber rein?
Ja.

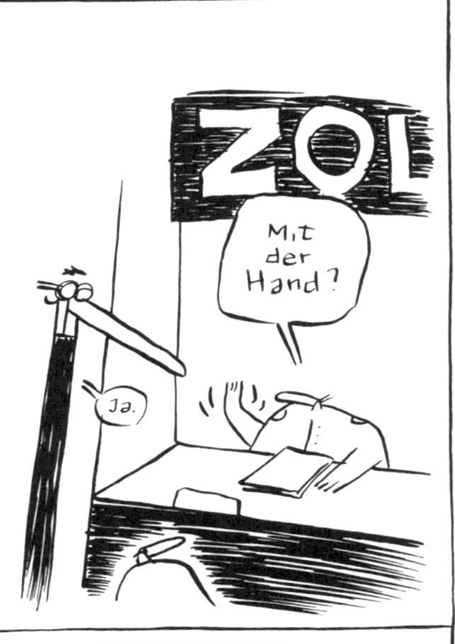
ZOL
Mit der Hand?
Ja.

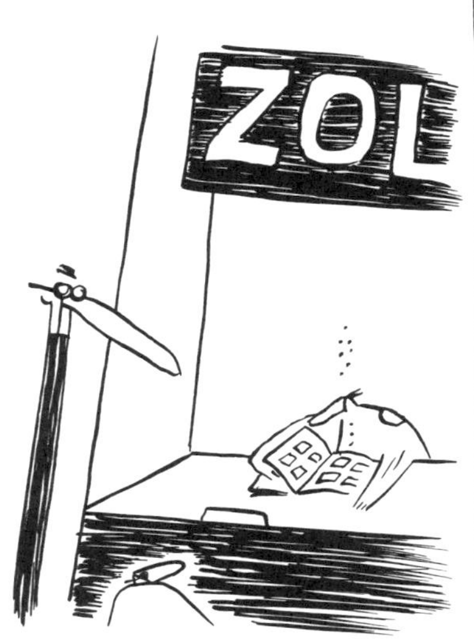
ZOL

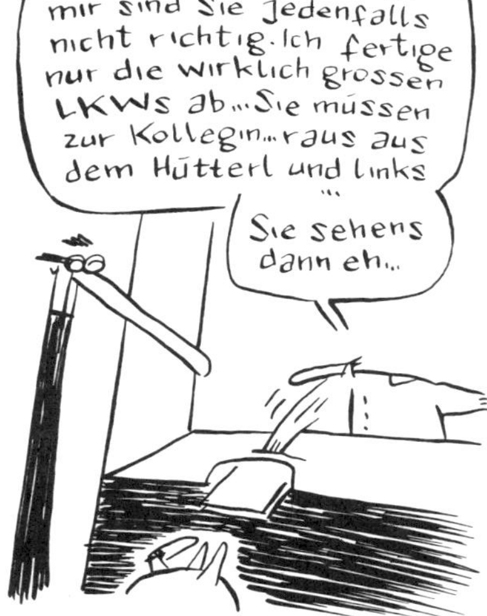
Na wie auch immer... bei mir sind Sie jedenfalls nicht richtig. Ich fertige nur die wirklich grossen LKWs ab... Sie müssen zur Kollegin... raus aus dem Hütterl und links ...
Sie sehens dann eh...

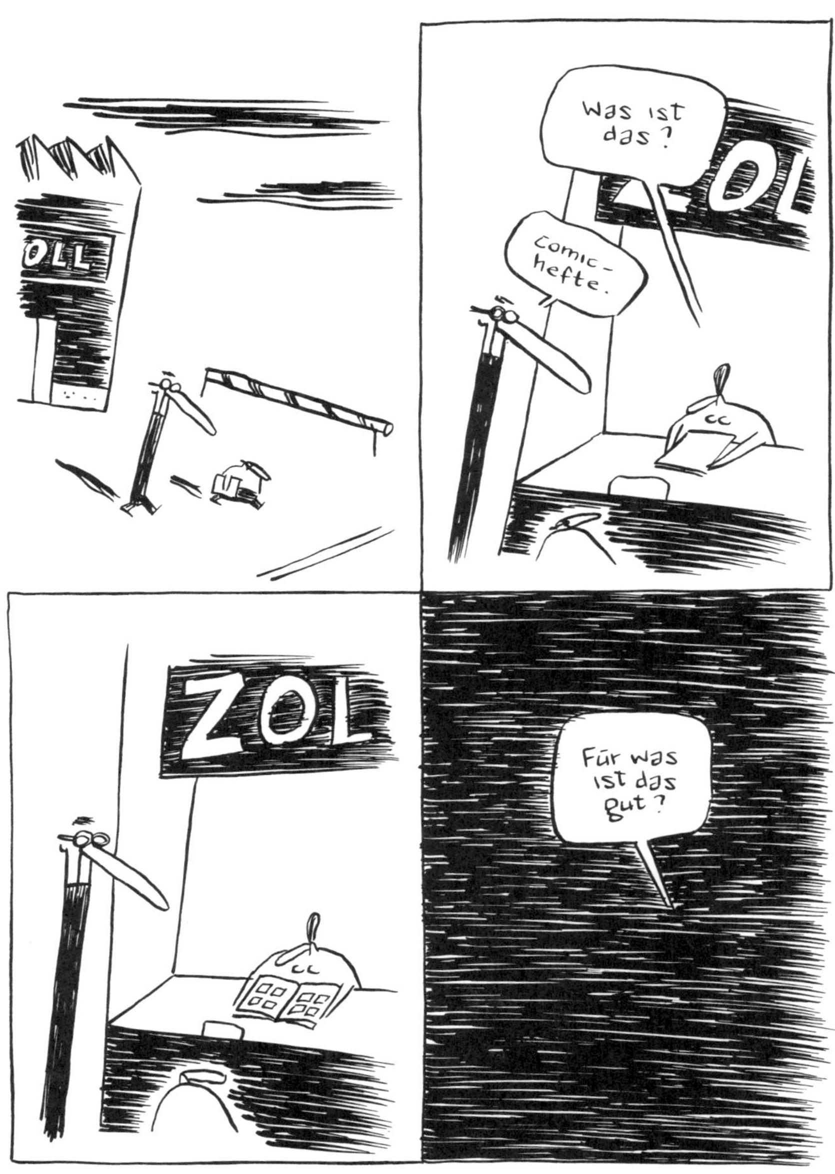
OLL
Was ist das?
ZOL
Comic-hefte.
ZOL
Für was ist das gut?

Vertriebe und Buchhändler zeigten ähnliche Begeisterung für unsere Produkte ...

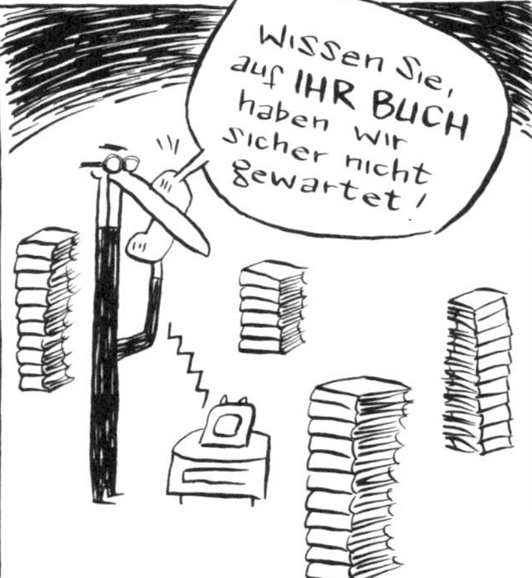

Und so kam es, dass ein umfunktionierter Kaffeeautomat in der Wiener Innenstadt zu unserer einzigen Verkaufsstelle wurde.

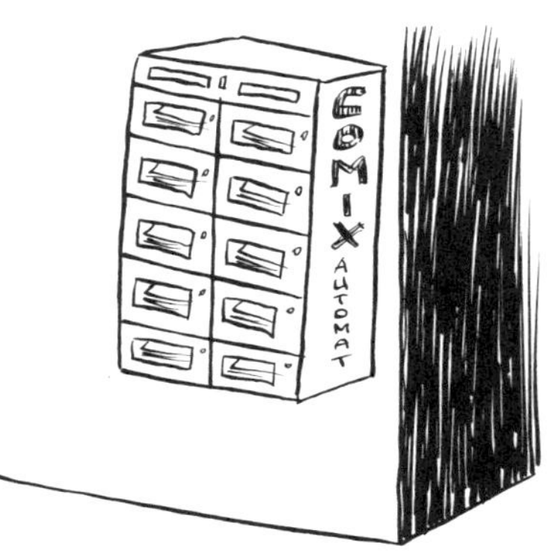

Leider wurde der Platz, an dem sich der Automat befand, eines Tages anderwertig vermietet.

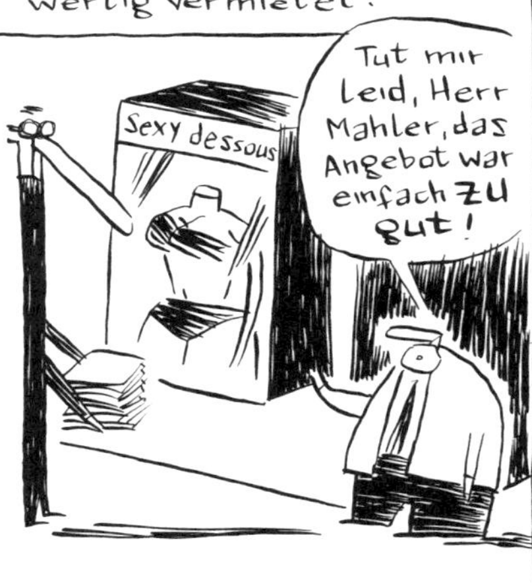

Aber ich hab hier noch was für Sie ... 40 Schilling ... die waren noch drin in Ihrem "Comix-Automaten".

sexy dessous

Das war das Ende meiner Verlegertätigkeit.

achtes Kapitel

"Der Mahler is so faul!"

Im Jahr 1992 war ich ein Semester lang an der Trickfilmklasse der Hochschule für Angewandte Kunst inskribiert. Leider war die Trickklasse ein Teil der Malereiklasse von "MEISTER" Christian Ludwig Attersee... Um aufgenommen zu werden, musste man sich also dem "GESCHMACK" des "MEISTERS" unterwerfen.

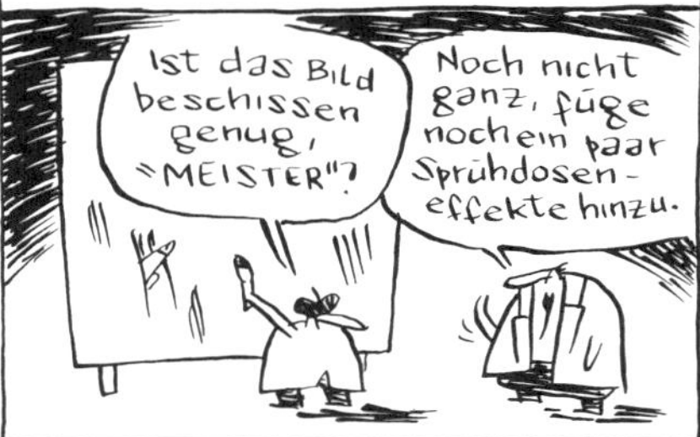

Wenn der "MEISTER" nicht gerade beschissene Bilder malt, die er in ebenso geschmacklose Rahmen steckt, foltert er seine Szenefreunde mit unglaublicher Scheissmusik...

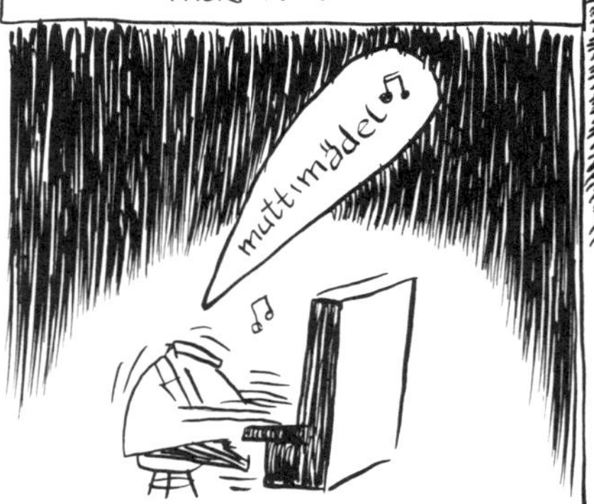

Nun ist "MEISTER" Attersee ja der **OBJEKTIV** schlechteste Maler der Welt... zumindest ist mir bis heute **NIEMAND** begegnet, der des "MEISTERS" "WERK" nicht für verkitschte Einrichtungshausmalerei hält...

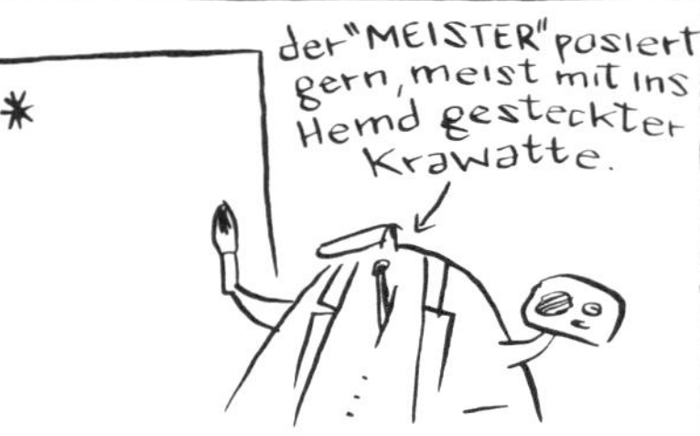

*Die Leinwand bleibt hier leer. Es ist mir nicht möglich, das Grauen, das ein "Atterbild" ausmacht, wiederzugeben.

Als der "MEISTER" damals meine Mappe durchblätterte, befand er:

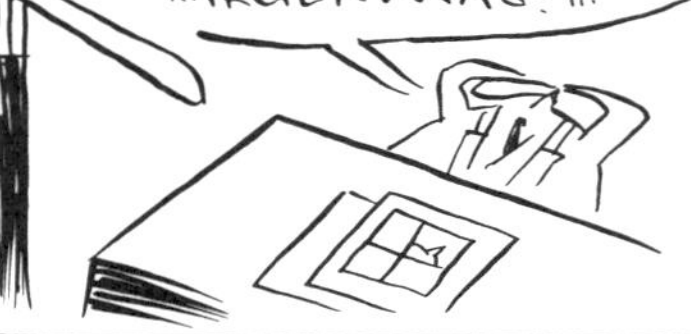

Zu dieser Zeit kamen übrigens vom "MEISTER" selbst gestaltete "ATTERSCHI" auf den Markt...

des "MEISTERS" Kunstwollen zwang ihn zur künstlerischen Verwirklichung auf Kästle(?)-Schi... Wer könnte es ihm verübeln?

Der Leiter der Trickklasse empfahl mir, bei ihm einige Filme zu machen, und mich damit bei "MEISTER" Attersee nach und nach einzuschleimen ...um später auch "offiziell" in die Malereiklasse aufgenommen zu werden.

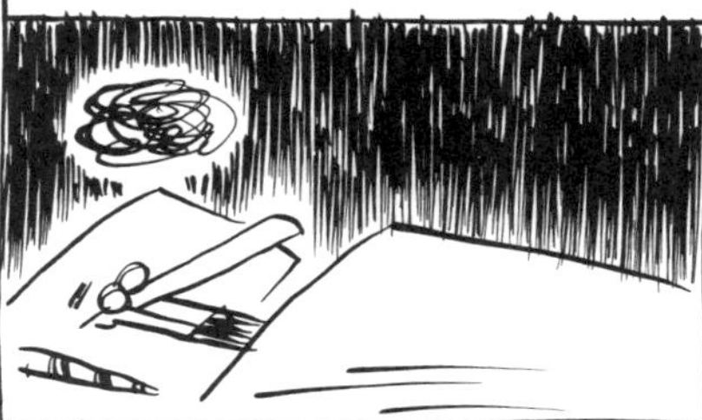

Doch betrat ich die Schule nie wieder, so angeekelt war ich...

Im Zuge meiner kurzen Hochschullaufbahn lernte ich Thomas Renoldner kennen... den späteren Herrscher über das ASIFA-AUSTRIA-Trickfilmimperium...

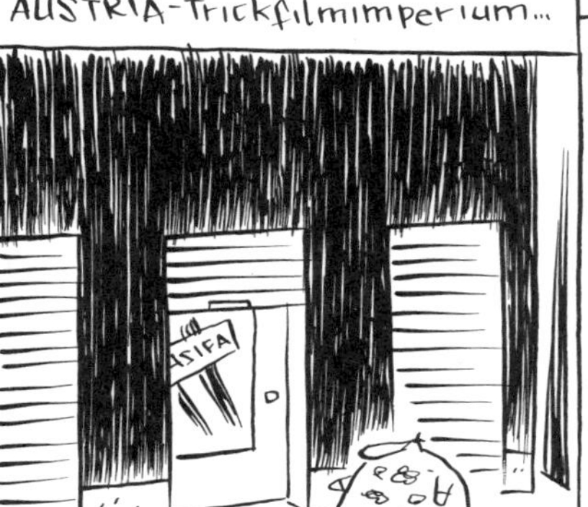

Jahre später (man schrieb 1999) reichte ich – auf Renoldners Anraten – das Trickfilmvorhaben "FLASCHKO" zur Förderung ein. ...und es funktionierte!

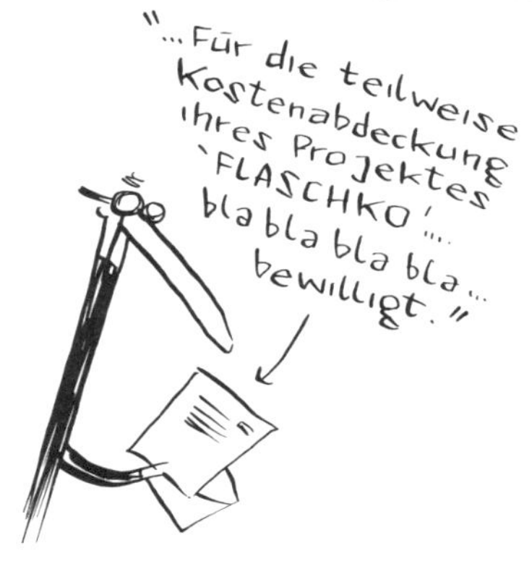

Die Verbitterung darüber war gross.

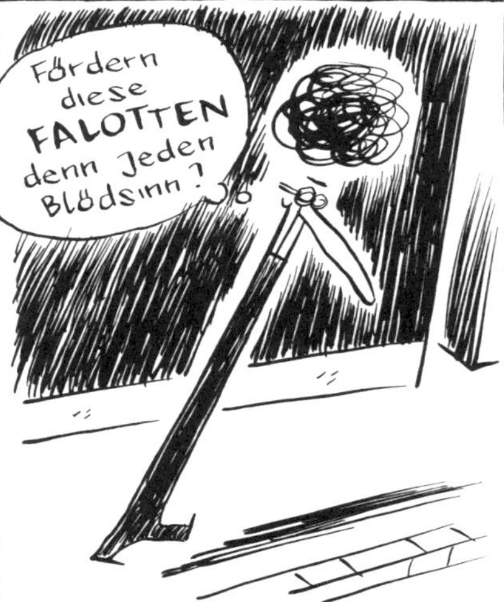

Ganz ernst gemeint war das Filmvorhaben ja nicht gewesen... Viel wichtiger wäre eine Werkausgabe in Buchform! Natürlich unmöglich, dafür auch nur **EINEN GROSCHEN** Unterstützung zu bekommen...

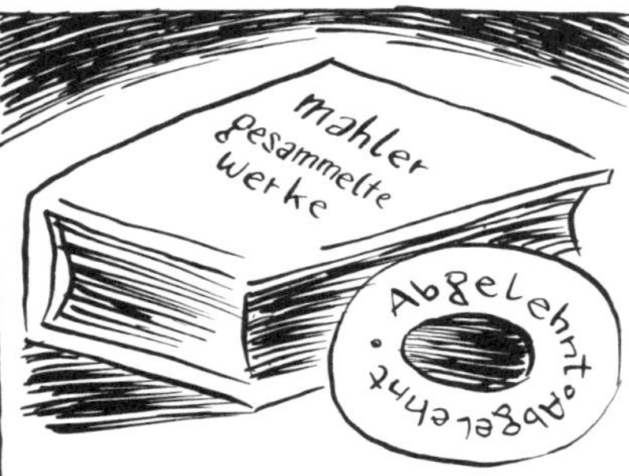

Umso verständlicher also meine Überreaktion!

IN "DIESEM LAND" HAT DIE WITZZEICHNUNG ÜBERHAUPT KEINEN WERT!

Sobald man aber einen **SCHEISS-FILM** draus macht, schieben einem das Sie einem Geld schon hinten rein!

Ausserdem bin ich ja – wie Jeder halbwegs vernünftige Subventionsnehmer – prinzipiell gegen Jede Förderung... kurz: ICH HASSTE DEN FLASCHKO-FILM SCHON JETZT!

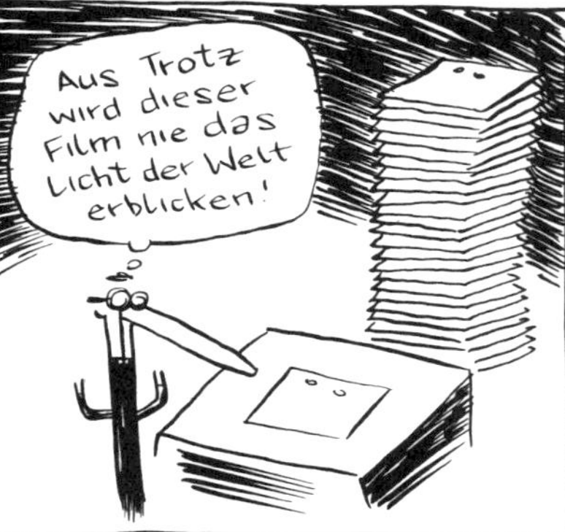

Und tatsächlich: Tage, Wochen, Jahre vergingen, ohne dass ein Strich das Papier fand ... Plötzlich wurde die österreichische Regierung gewechselt, und der Schrecken nahm seinen Lauf: Immer öfter läutete das Telefon ...

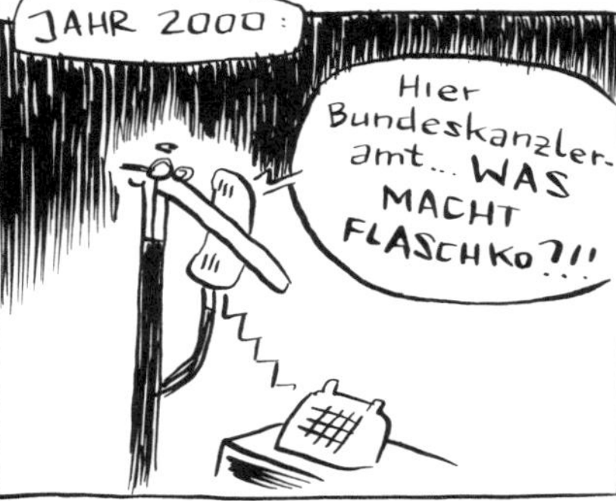

Zu allem Überfluss begann "Produktionsleiter" Renoldner hinter meinem Rücken absolute Unwahrheiten zu verbreiten..

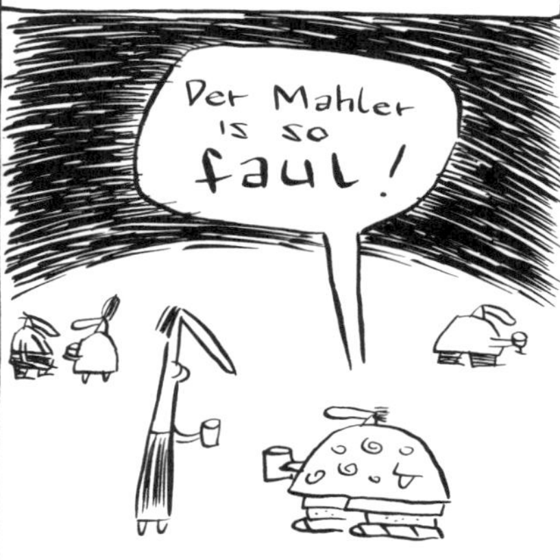

Doch was glauben die Leute? Es ist gar nicht so einfach, einen Meilenstein des modernen Trickfilms zu erschaffen... Sobald ich an die AUFWENDIGE ANIMATION dachte, die noch vor mir lag, war ich wie gelähmt.

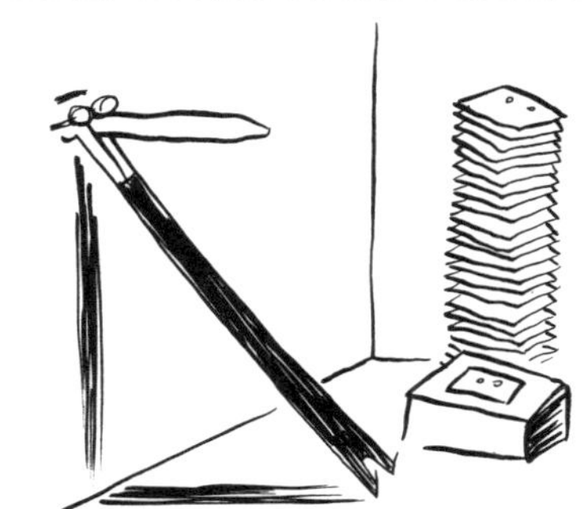

Dann war da noch das Problem mit den Synchronstimmen... Wochenlang wälzte ich potenzielle Sprechernamen... bis es mich eines Nachts durchfuhr:

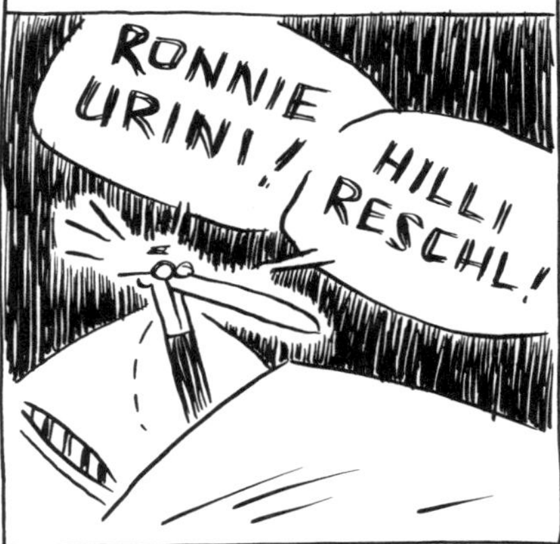

RONNIE URINI, der dunkle Prinz des Wiener Untergrunds der 80er-Jahre (mit seiner Band, den LETZTEN POETEN), sollte FLASCHKO sein…

irgendwann in den 80ern:

niemand hilft mir, niemand spricht mit mir… niemand gibt mir ein Stück Brot

…das ist lustig das ist schön… das ist das Zugrundegehn.

Ronnie

Ronnie

Und HILLI RESCHL, als Kellnerin der TV-Sendung SENIORENCLUB jahrzehntelang Gast in allen Wohnzimmern, war die Idealbesetzung als Flaschkos Mutter…

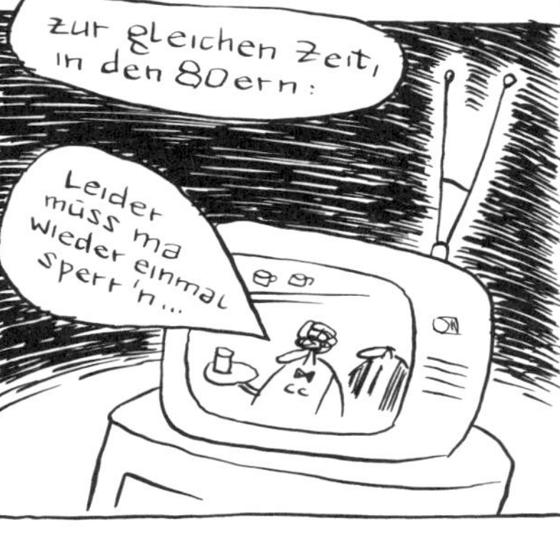

Der Kontakt zu Ronnie war schnell geschlossen… Er begeisterte sich sofort für FLASCHKO… auch wenn sich ihm das künstlerische Konzept der Serie nicht gleich erschloss…

Leiwand, dei Flaschko!… wos is des übahaupt? A Känguruh, oda wos?

Na ein Mann in einer Heizdecke.

Ah eh ein Typ!

Er nannte sich mittlerweile RONNIE ROCKET, wusste aber um die Zugkraft seines früheren Namens…

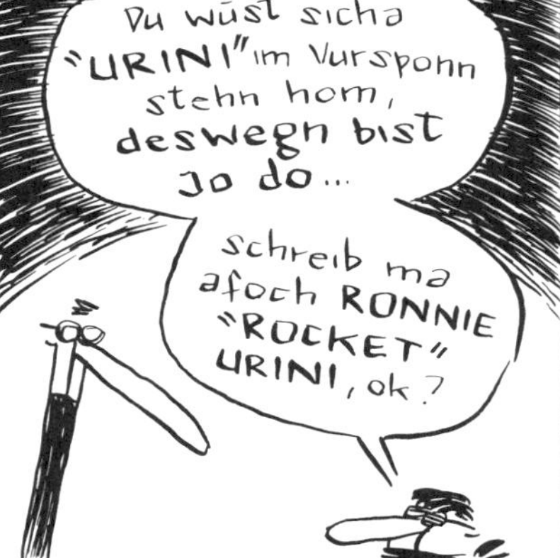

Ronnie konnte auch schon mit reichhaltigen Erfahrungen als Schauspieler aufwarten:

...den ROTEN RÄCHER hob i a scho g'spüt...und den TEENAGE ZAPPADOING! In Hollywood hob i a mitgmocht... in WARRIORS OF THE YEAR 2000 bin i auf an Motorradl ana Flammenhölle entkumman!

No guat... I woa ned da Anzige.

Des woa a Massenszene, waast?!

Ich erfuhr auch, dass er als Leadsänger von STEPPENWOLF durch die USA getingelt war (Ronnie: BORN TO BE WILD kaun i scho gonz guat, glaub ma!) Später war er auch als Leadsänger der DOORS-Reunion im Gespräch gewesen...

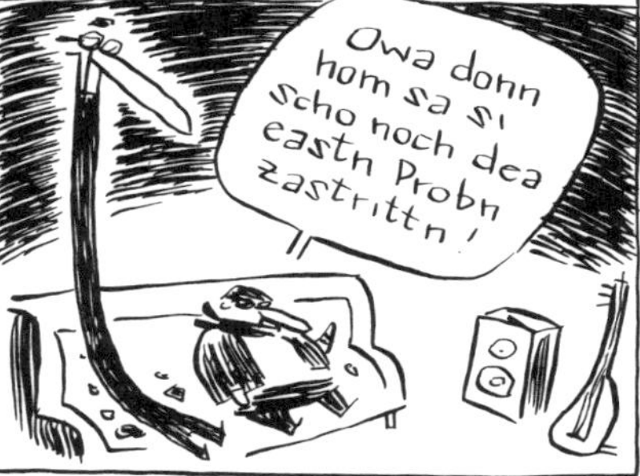

Ausserdem kam ich in den Genuss, eine von CHRISTIAN "Kitschmeister" KOLONOVITS produzierte Ronnie Urini-Nummer vorgespielt zu bekommen...

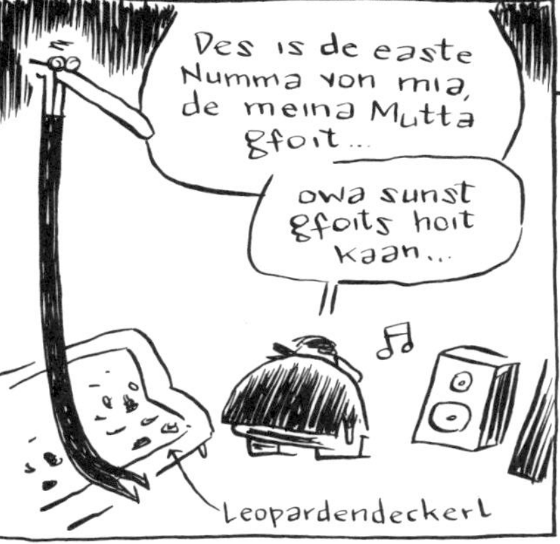

Auch HILLI RESCHL war schnell vom Flaschkofilm-vorhaben überzeugt... Kaum hatte ich ihr ein paar erläuternde Zeilen geschrieben, fand ich schon eine wohlbekannte Stimme auf meinem Anrufbeantworter...

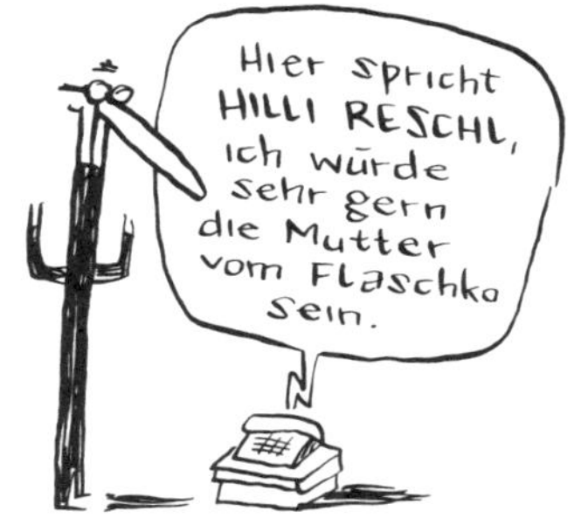

Alles lief so weit ganz gut... Doch kurz vorm vereinbarten Aufnahmetermin bekam Ronnie plötzlich kalte Füsse ...

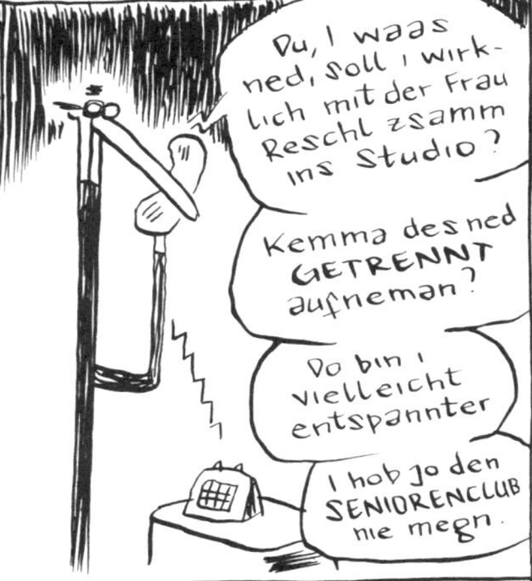

Ich konnte ihn schliesslich doch zur gemeinsamen Aufnahme überreden... UND SCHON WAR DER GROSSE TAG GEKOMMEN: Ich traf pünktlich vor dem ASIFA-Studio ein... doch Frau Reschl war schon vor mir da.

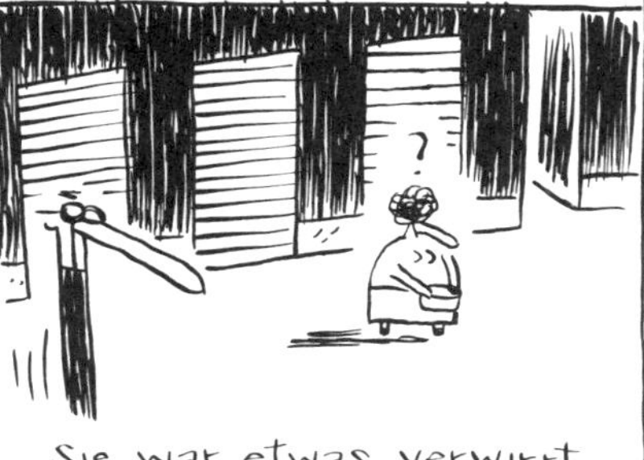

Sie war etwas verwirrt, konnte sie doch den Eingang nicht finden...

Mit einiger Verspätung traf dann auch Studioboss Renoldner ein... und öffnete die Pforten zum ASIFA-Trickfilmimperium.

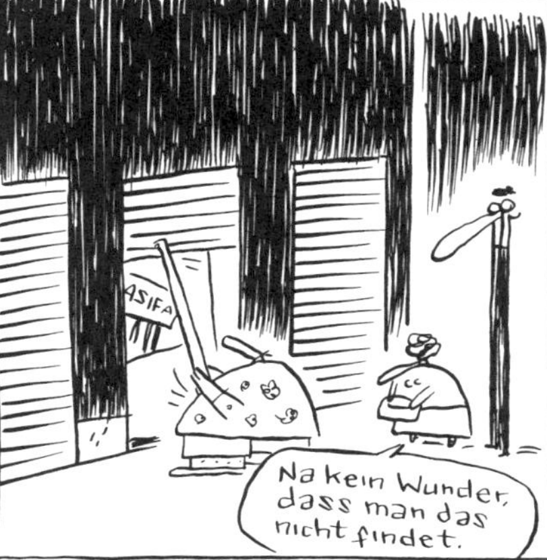

Frau Reschl schien mit dem Studio gar nicht zufrieden zu sein...

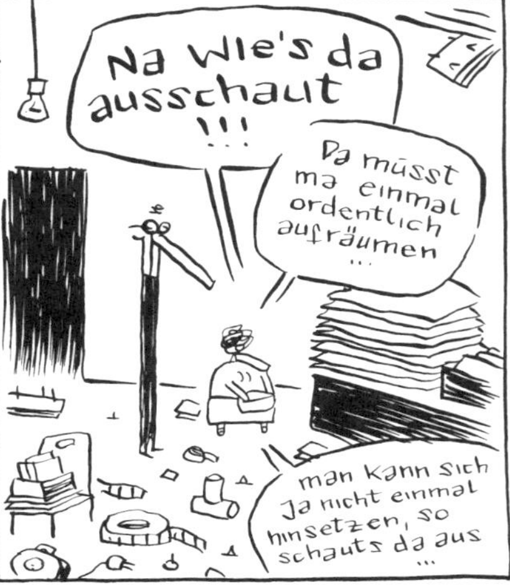

Als dann der Tonmann das Mikrofon nicht finden konnte, drohte die Situation zu eskalieren ...

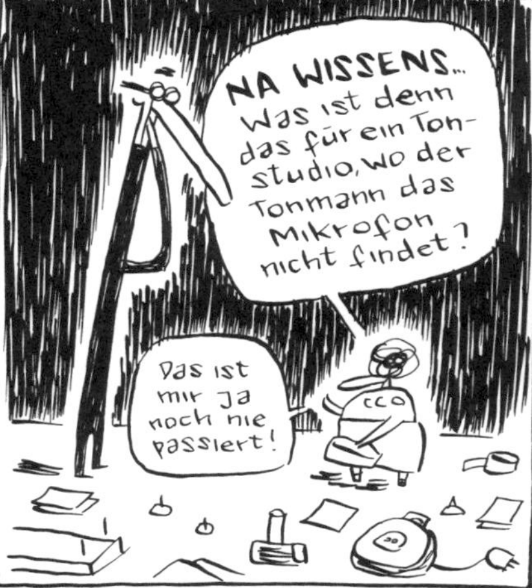

Mittlerweile leicht beunruhigt, erwartete ich Ronnies Ankunft. Wie würde die jetzt schon gereizte Frau Reschl auf ihren Partner, den dunklen Prinzen Ronnie **URINI** reagieren? ... Da setzte er auch schon einen Fuss ins Studio ...

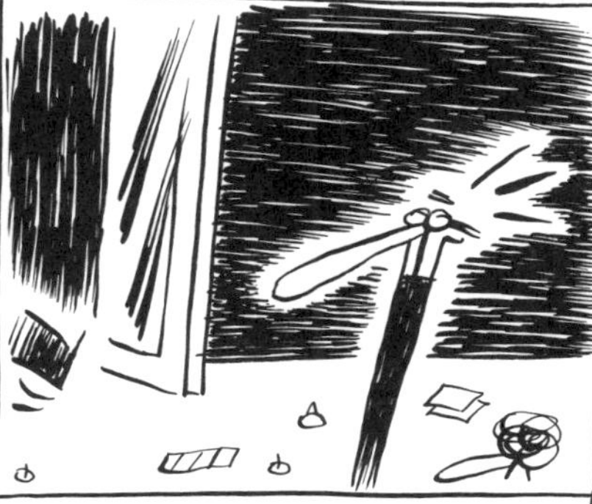

Allerdings machte er sofort wieder kehrt ... im Glauben, sich in der Tür geirrt zu haben ...

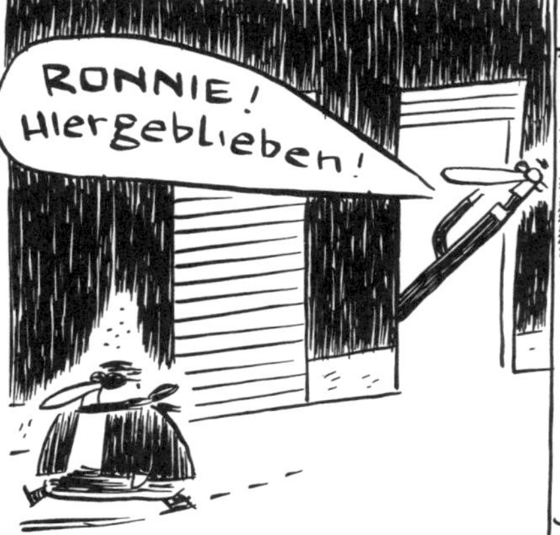

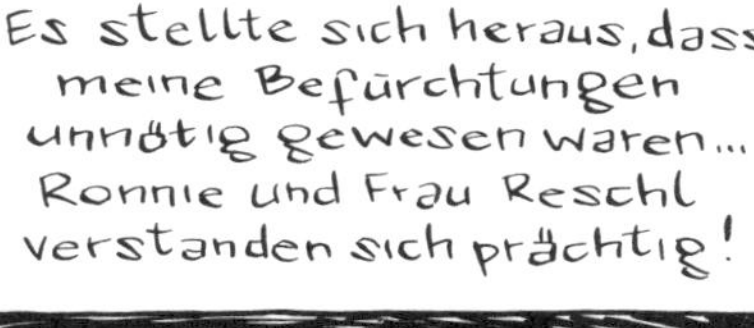

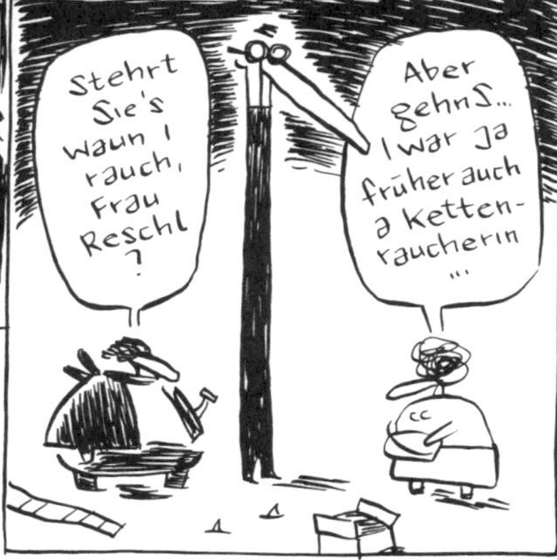

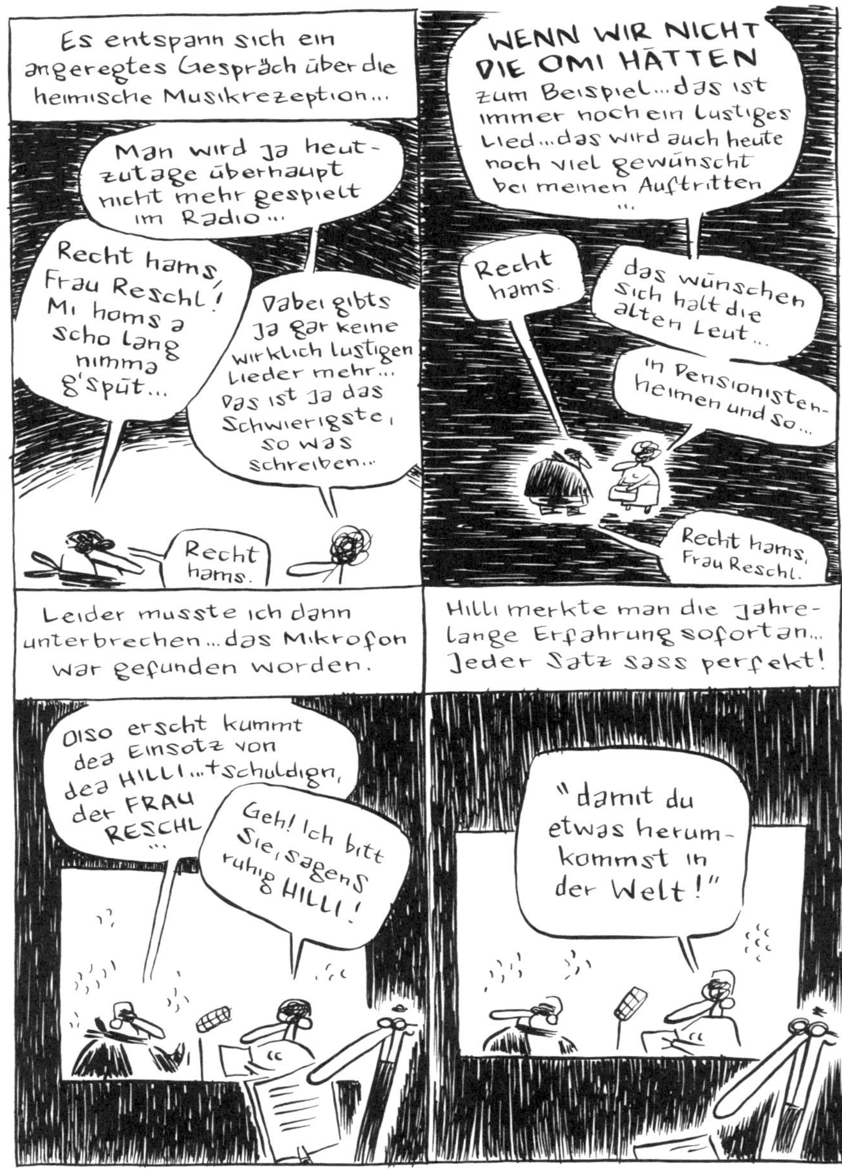
Es entspann sich ein angeregtes Gespräch über die heimische Musikrezeption...
Man wird ja heutzutage überhaupt nicht mehr gespielt im Radio...
Recht hams, Frau Reschl! Mi homs a scho lang nimma g'spüt...
Dabei gibts ja gar keine wirklich lustigen Lieder mehr... Das ist ja das Schwierigste, so was schreiben...
Recht hams.
WENN WIR NICHT DIE OMI HÄTTEN zum Beispiel... das ist immer noch ein lustiges Lied... das wird auch heute noch viel gewünscht bei meinen Auftritten...
Recht hams.
das wünschen sich halt die alten Leut...
in Pensionistenheimen und so...
Recht hams, Frau Reschl.
Leider musste ich dann unterbrechen... das Mikrofon war gefunden worden.
Olso erscht kummt dea Einsotz von dea HILLI... tschuldign, der FRAU RESCHL...
Geh! Ich bitt Sie, sagens ruhig HILLI!
Hilli merkte man die jahrelange Erfahrung sofort an... Jeder Satz sass perfekt!
"damit du etwas herumkommst in der Welt!"

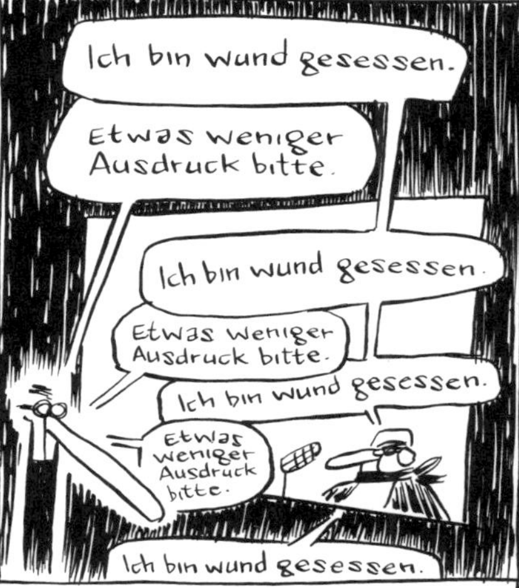
Und auch Ronnie hatte Flaschkos Charakter bald verinnerlicht ...
Ich bin wund gesessen.
Etwas weniger Ausdruck bitte.
Ich bin wund gesessen.
Etwas weniger Ausdruck bitte.
Ich bin wund gesessen.
Etwas weniger Ausdruck bitte.
Ich bin wund gesessen.

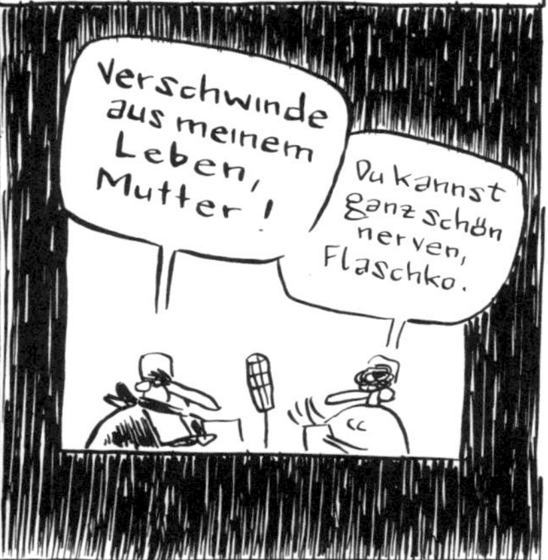
Die Chemie stimmte einfach zwischen Hilli und Ronnie ... man konnte es förmlich knistern hören.
Verschwinde aus meinem Leben, Mutter!
Du kannst ganz schön nerven, Flaschko.

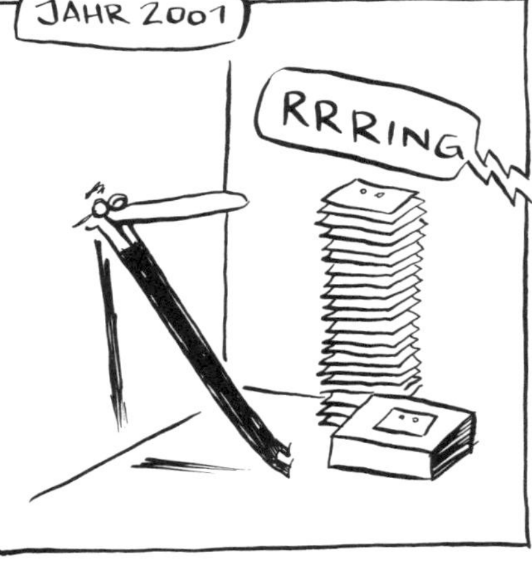
Die Flaschkofilmvertonung war also geschafft ... Es folgte eine künstlerische Schaffenspause von mehreren Monaten, als plötzlich ...
JAHR 2001
RRRING

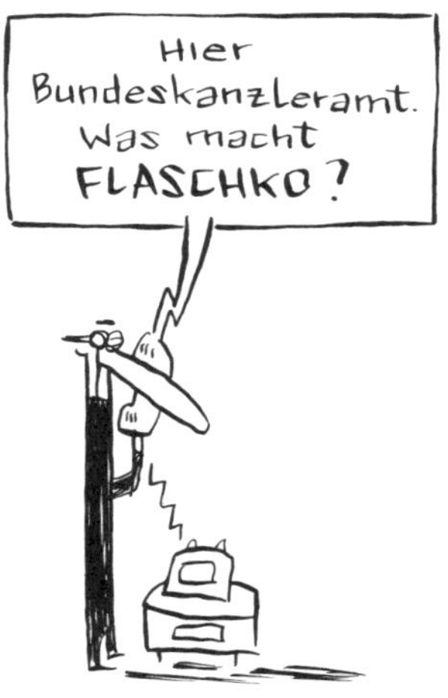
Hier Bundeskanzleramt. Was macht FLASCHKO?

Despotischer Kunstbürokratismus zwang mich also, das aufreibende Flasckofilmunterfangen fortzuführen. Die Parallelen zu Klaus Kinski im **FITZCARRALDO**-Film waren unübersehbar ...

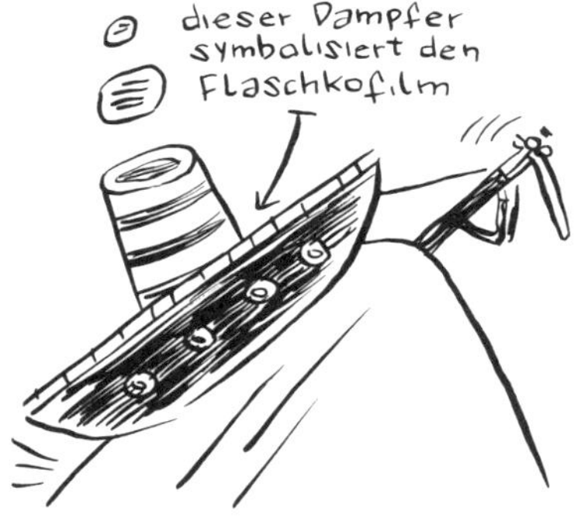

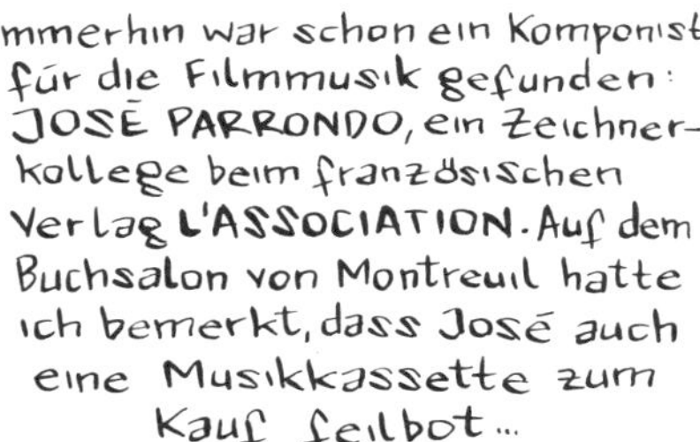

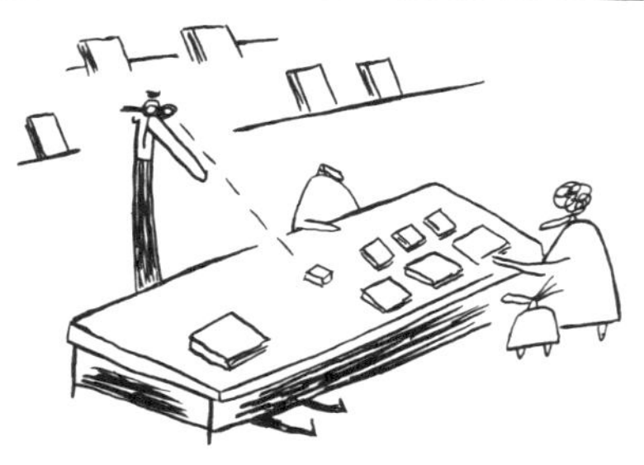

Es war ein Blindkauf, der mich nicht enttäuschen sollte. So etwas Schönes hatte ich in meinem Leben noch nie gehört!

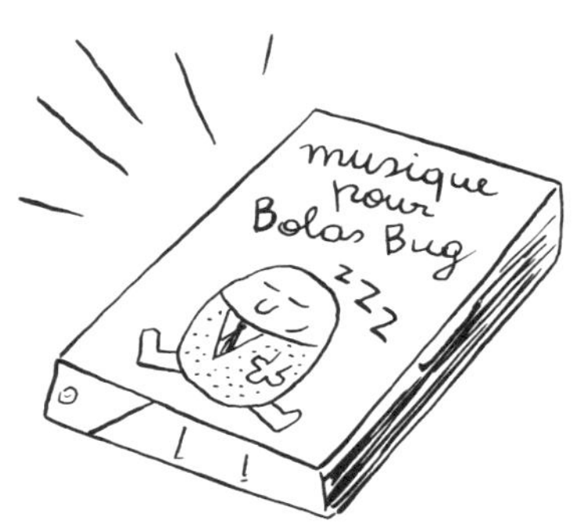

Die Zusammenarbeit mit José verlief – trotz Sprachschwierigkeiten – blendend.

Hallo Nicolas!

Entschuldigung, aber c'est tres difficile pour moi to write auf Deutsch. And in English c'est tres difficile auch. Je peux schreiben dans les 3 Sprache? So you understand plus facilement!

Bald schon war auch klar, in welche Richtung der Soundtrack gehen würde...

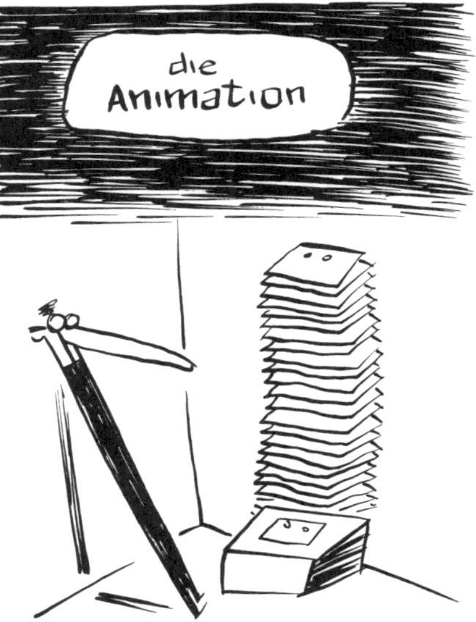

... if minimalismus - Low - fi is good for you (und für Flaschko), ok, let's go !

FLASCHKO hatte nun also Musik und Ton... was noch fehlte, war eigentlich eine Kleinigkeit, es fehlte...

Es schien mir so gut wie unmöglich, diese Aufgabe zu bewältigen... Immerhin sollte **FLASCHKO** in einer Episode **BEIDE ARME HEBEN!**

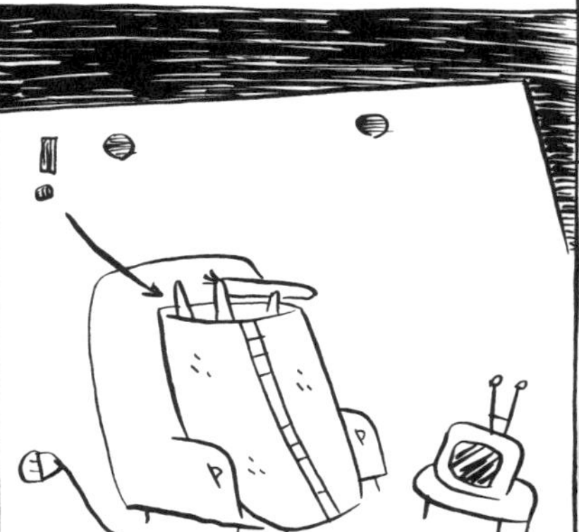

Damit aber nicht genug! An anderer Stelle hatte Mutter **FLASCHKO** von rechts ins Bild zu gehen. Eine Aufgabe, an der wahrscheinlich auch die **PIXAR-STUDIOS** zerbrochen wären.

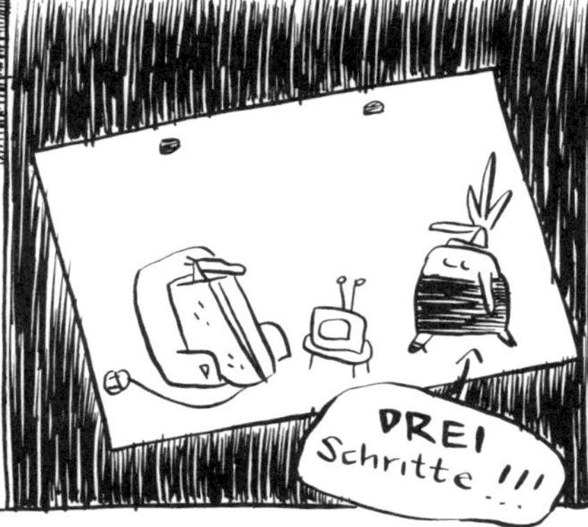

Glücklicherweise konnten wir die routinierte Animations-zeichnerin SABINE GROSCHUP dafür gewinnen, mit an Bord des FLASCHKO-Schiffes zu kommen ...

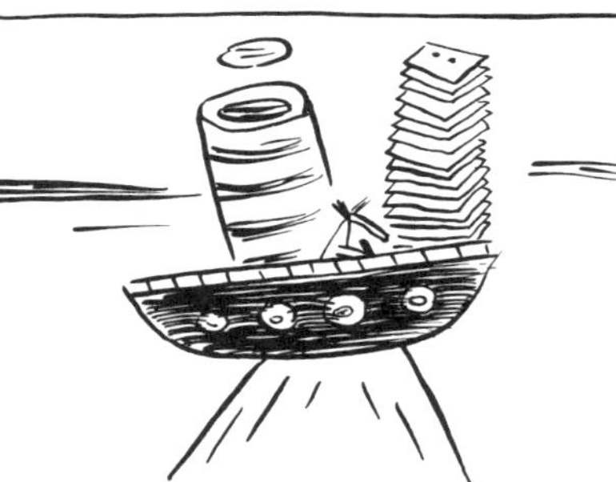

In nur wenigen Tagen hatte Mutter FLASCHKO das Gehen, und FLASCHKO selbst das Armeheben gelernt ...

Es lag nun an Studioboss Renoldner selbst, die Folien in der richtigen Reihenfolge auf Film zu bannen.

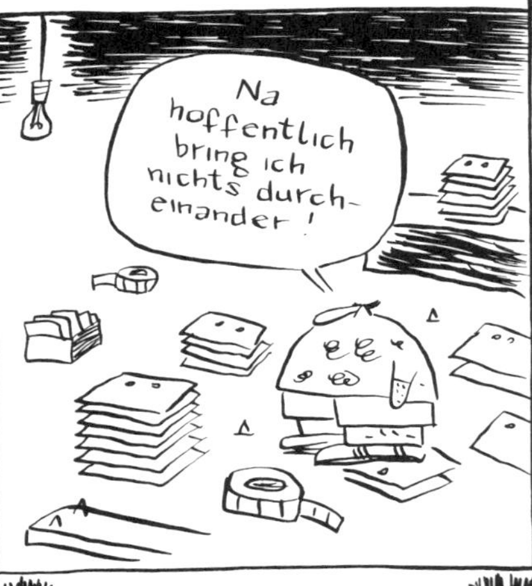

Nach einigen missglückten Test-läufen (Renoldner: "Oh, da ist mein Knie im Bild") wurde der Film tatsächlich zum schon fest-gelegten Premierentermin fertig ... Doch kurz darauf:

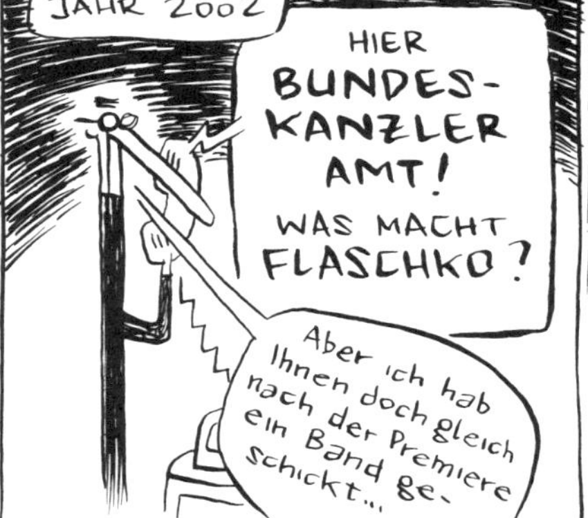

Vielleicht können Sie sich sogar erinnern ... Das ist dieser Film, wo ein Mann die ganze Zeit in einer Heizdecke sitzt

NA **SIE** SIND GUT!

GLAUBEN SIE, WIR SCHAUN UNS **ALLES** AN ?!!!

neuntes Kapitel

"Abgelehnt wird
man EIN
LEBEN LANG!"

Erst kürzlich leitete ich – als Gastdozent an der Hochschule für Gestaltung in Luzern – erneut einen Comic-Kurs... obwohl ich so was ja nie wieder machen wollte! Zur emotionalen Unterstützung wurde Zeichnerkollege RATTELSCHNECK "eingeflogen".

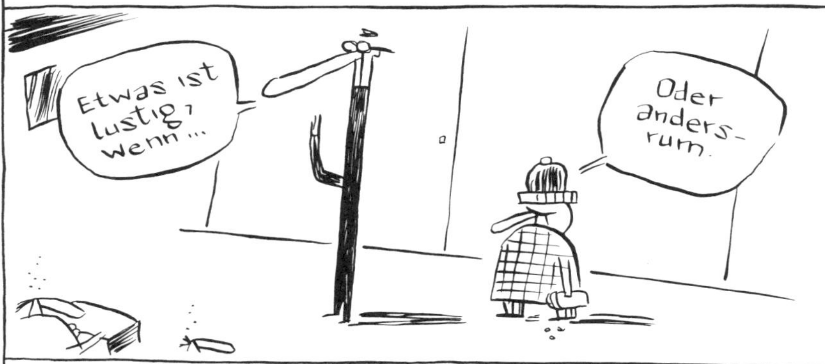

Wir widersprachen uns dauernd...

Der Unterricht fand in einer Turnhalle statt... Eigentlich hatten wir uns etwas "seriöseres" vorgestellt.

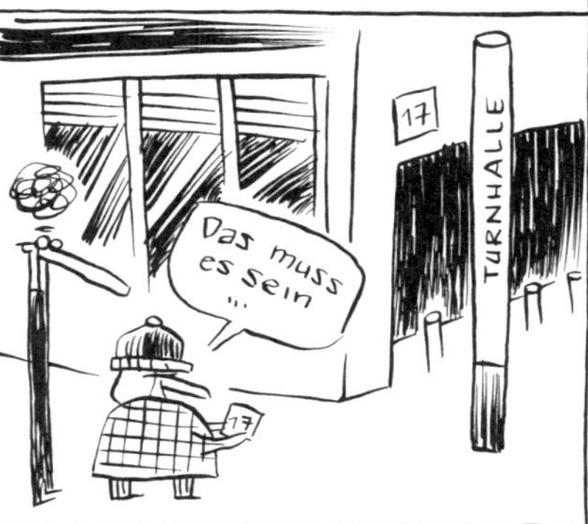

Anscheinend hatte man an der Hochschule keinen geeigneten Raum für uns gefunden.

Der Turnhallenwart schien von unserem Anliegen etwas verstört.

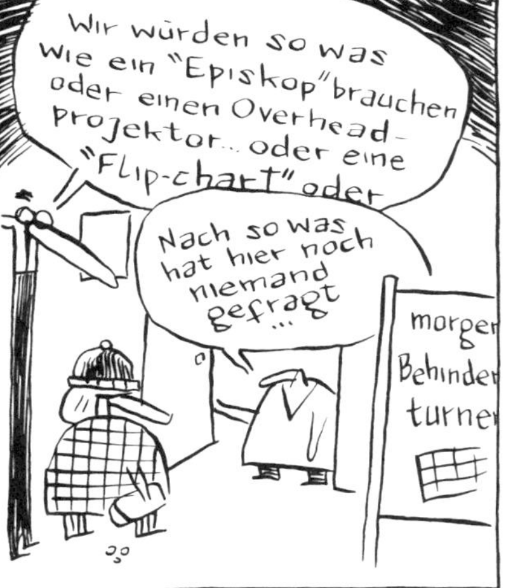

Bei meinem ersten Rundgang stiess ich auf alle nur denkbaren Arten von Bällen ...

Die Kameradschaft unter den Sportlern beeindruckte mich tief ... Sobald sie mich sahen, grüssten sie freundlich, oder winkten mir von Weitem zu.

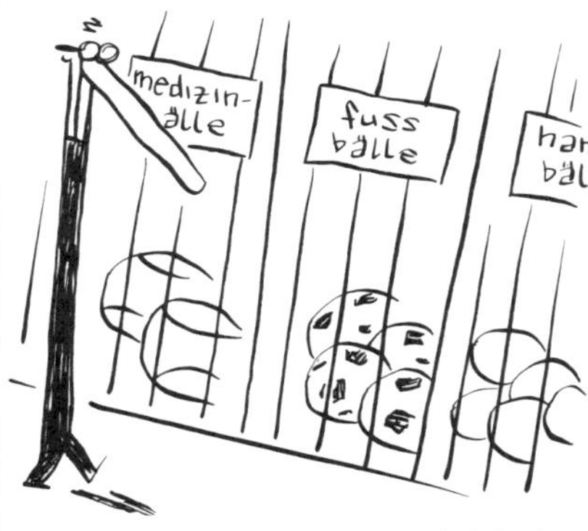

Für unseren Kurs natürlich absolut ungeeignet.

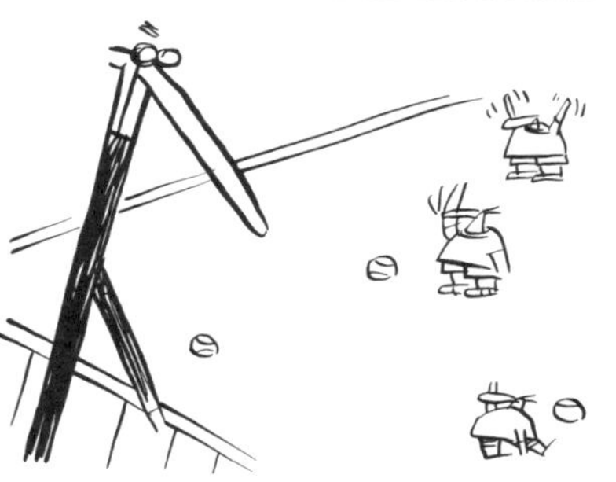

Wahrscheinlich hielten sie mich für einen Trainer!

Der Kurs fand in einem kleinen Nebenraum statt. Von den Turnhallenaktivitäten bekam man relativ wenig mit ... wenn man von den "Sportgeräuschen" einmal absieht ...*

Kollege RATTELSCHNECK hatte während des gesamten Unterrichts Brote, die er sich am Frühstücksbuffet geschmiert hatte, in den Wangen.

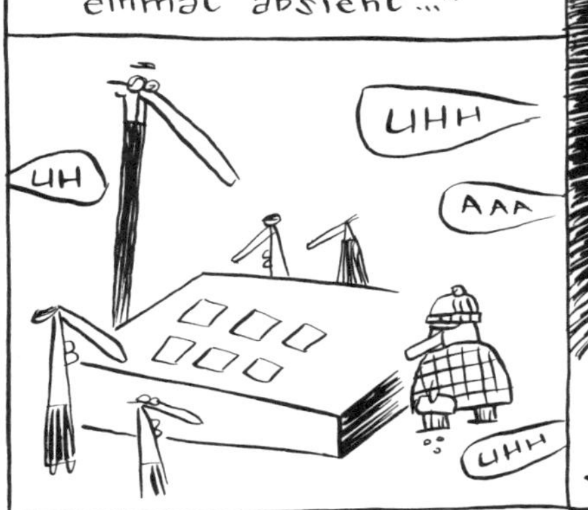

Das spart Geld.

Die wollten mich ja erst zwingen, alles gleich VOR ORT zu essen!

Vom Frühstückstisch entfernte Brötchen kosten 7 sfr!

Für die Schweiz eigentlich recht billig.

*natürlich war da noch der SCHWEISSGERUCH

Der Kurs selbst verlief dann relativ unspektakulär ... Ziel war es, ein Heft mit autobiografischen Geschichten herzustellen. Die meisten taten sich dabei recht schwer ...

...dieser Fuss auf dem 2ten Bild ... zu wem gehört denn der?

na ja ... das ist mein Vater ... oder mein Bruder ... vielleicht ist es auch MEIN Fuss ... Ist das so wichtig?

Am letzten Tag schockierte ich die Studenten ein bisschen.

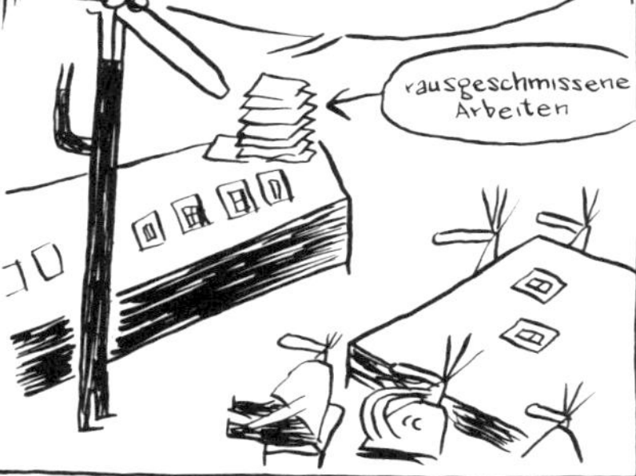

Woher sollte ich wissen, dass sie durch den normalen Unterricht schon absolut VERWEICHLICHT waren ...

Das ist eine FRECHHEIT!!! Es hat geheissen, wir machen ZUSAMMEN ein Heft ... Wir sind ja auf einer HOCHSCHULE! Da wird doch ALLES GUT GEFUNDEN!

Jaja, schon gut ... es sind eh alle drin ... ich wollte euch ja nur zeigen WIE'S IM ECHTEN LEBEN SEIN WIRD!

So konnte ich die Situation noch halbwegs retten.

Ein bisschen deprimiert waren die Studenten am Ende aber schon.

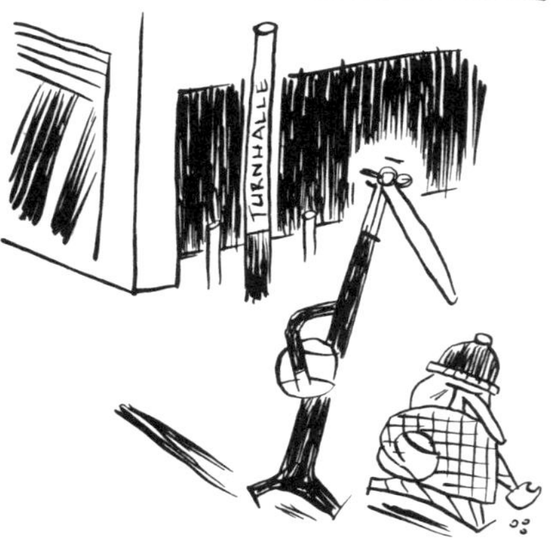

Aber das gehört ja auch dazu, zum Leben!

Zehntes Kapitel

"So was schau I mir ja gar ned amal an ... des is ja **KUNST**!"

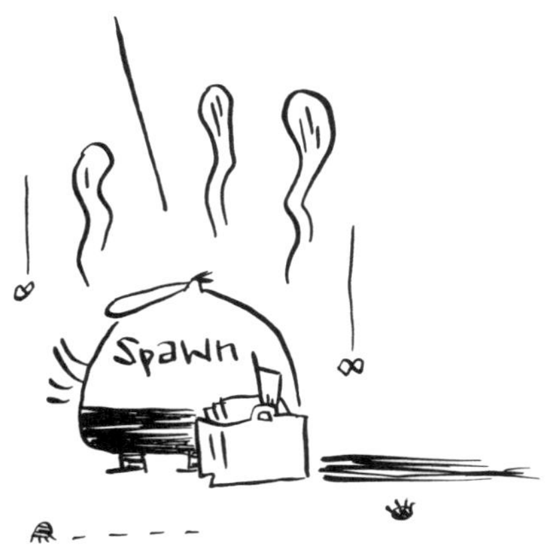

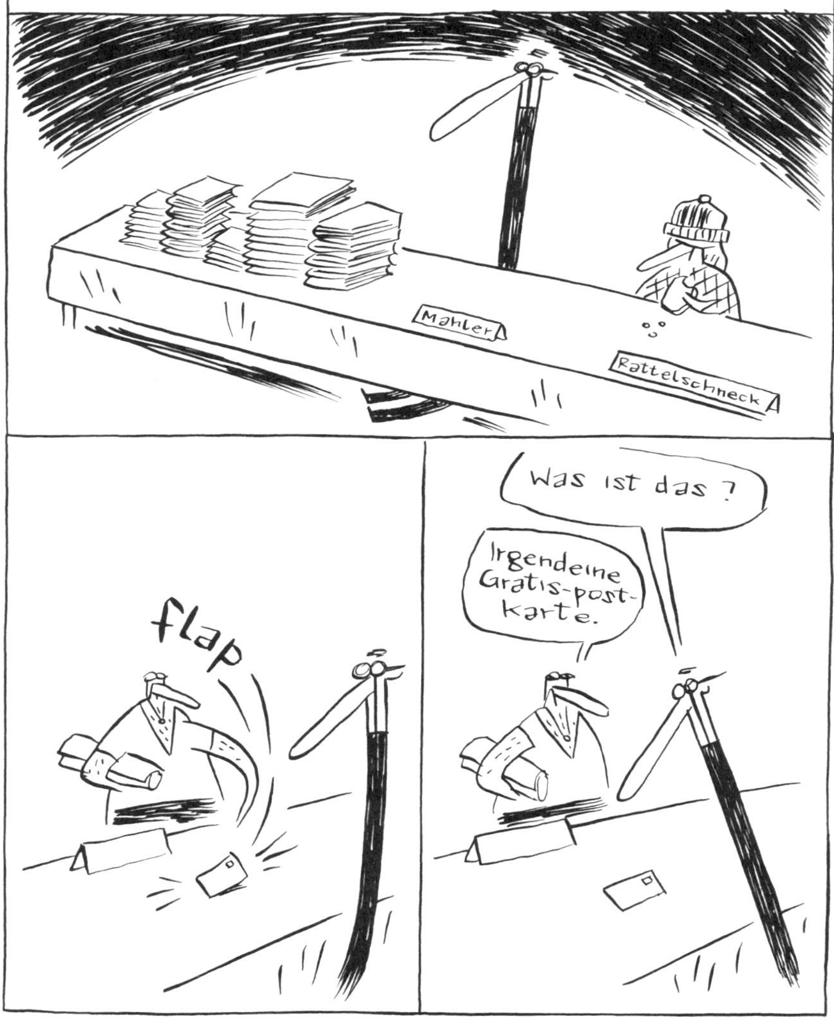
Ein immer wiederkehrender, aufregender Höhepunkt im tristen Zeichnerdasein ist der Besuch eines der zahlreichen COMIC-FESTIVALS. Dort kann man sich mit gleichgesinnt lebensunfähigen Kollegen austauschen, und die FANS können mit einem in Kontakt treten.
Mahler
Rattelschneck
flap
Was ist das ?
Irgendeine Gratis-postkarte.

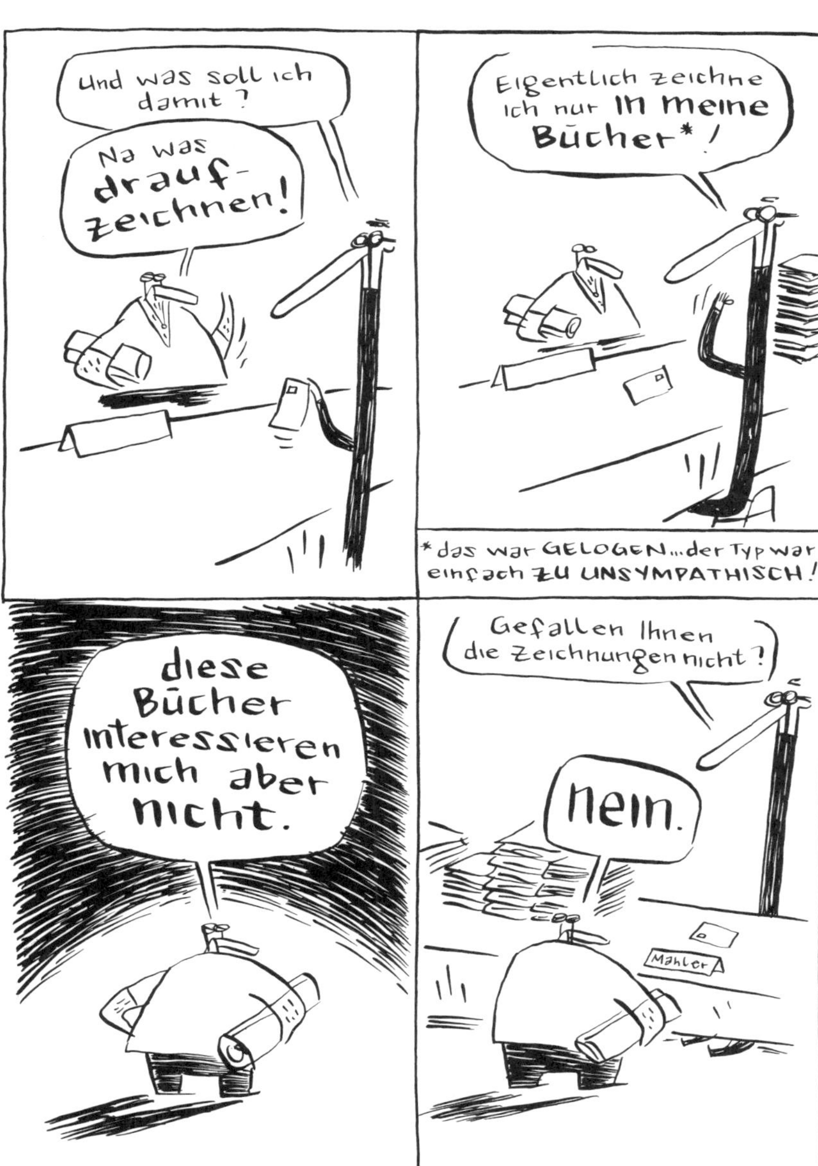
Und was soll ich damit?
Na was drauf-zeichnen!
Eigentlich zeichne ich nur in meine Bücher*!
* das war GELOGEN... der Typ war einfach ZU UNSYMPATHISCH!
diese Bücher interessieren mich aber nicht.
Gefallen Ihnen die Zeichnungen nicht?
nein.
Mahler

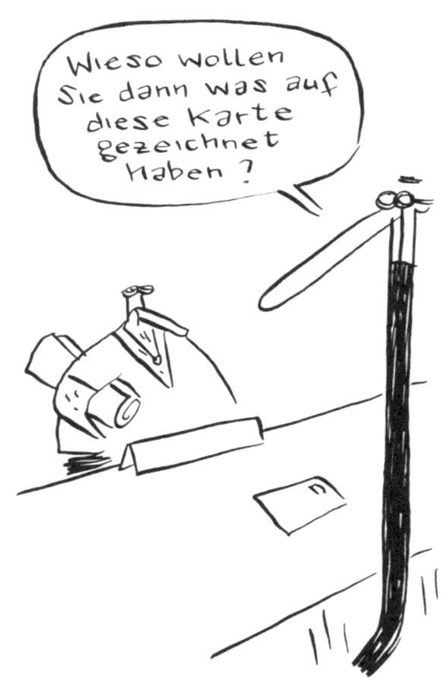

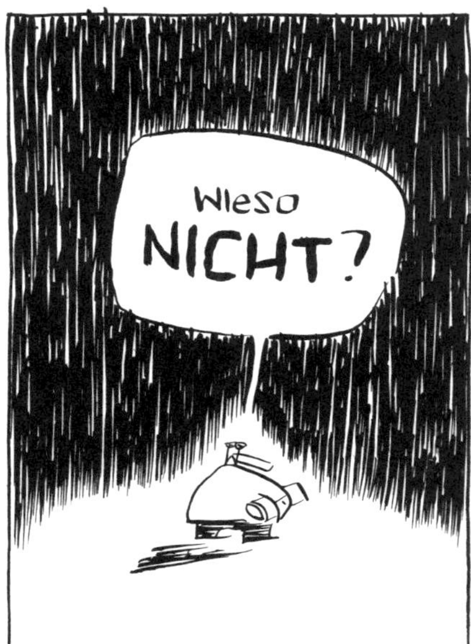

Ein grosses Comic-Festival kann man sich vorstellen wie eine X-beliebige **BUCHMESSE** ...nur mit gelockerten **HYGIENEBESTIMMUNGEN**.

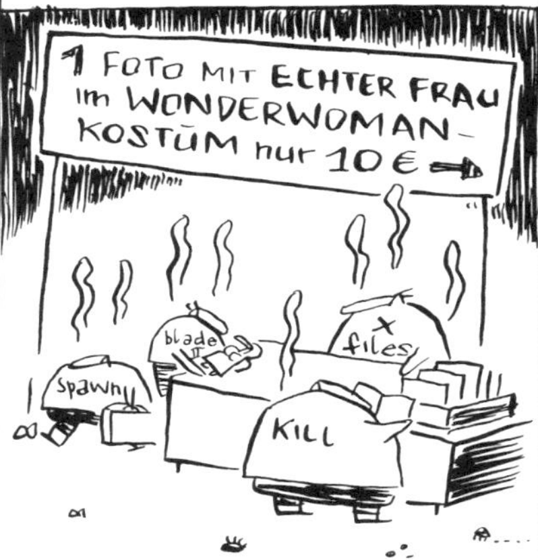

Dennoch: Gerade die Besuche der kommerziellsten Festivals sind lehrreich und stärken den Charakter! Vor allem, wenn man in der Nähe des "ELFENWELT"-Signiertisches sitzt ...

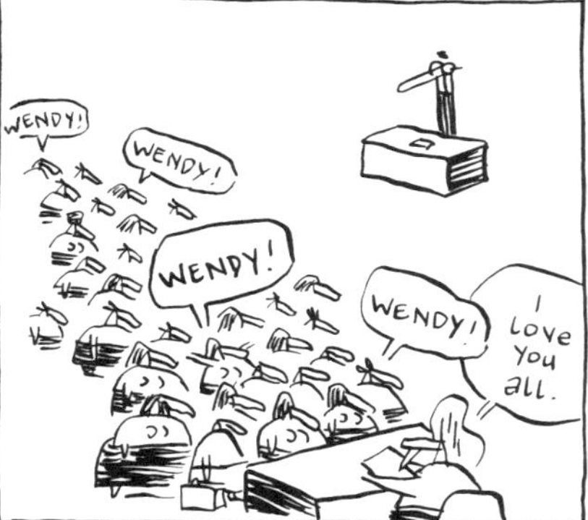

Wendy Pini, Königin der "ELFENWELTEN"

Natürlich besteht das Comic-Publikum zu 95% aus NERDS. Na und, was ist daran so schlimm? Immer noch besser als diese verquasten Kunstidioten... Die COMICNERDS sind wenigstens EHRLICH VERZWEIFELT.

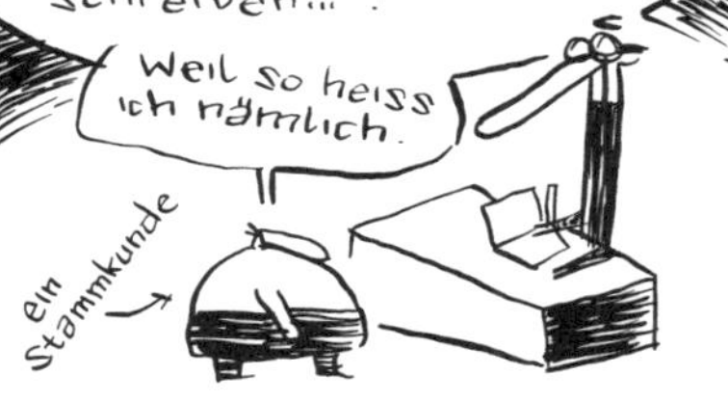

Unter ECHTEN Comiclesern gilt der Begriff "KUNST" als Schimpfwort... und irgendwie gefällt mir dieser unverkrampfte Zugang ja!

Was der Mahler macht, find ich eine Frechheit den andern Zeichnern gegenüber... Schau, wie sich der "LADY DEATH"-Colorist anstrengt, dass ihre Dutteln so geil spiegeln. Der Mahler bemüht sich ja überhaupt nicht...

Geh, der Mahler... das schau I ja gar ned amal an... das is ja KUNST!

X-men

Eigentlich haben COMICNERDS und KUNSTIDIOTEN viel gemeinsam... mehr als sie sich selbst eingestehen würden...

So was schau ich mir ja gar nicht erst an... das ist ja KEINE KUNST!

So was schau I ja gar ned amal an... des is ja KUNST!

matrix

KILL

Ob ich meine Arbeiten als KUNST bezeichnen würde? Natürlich!

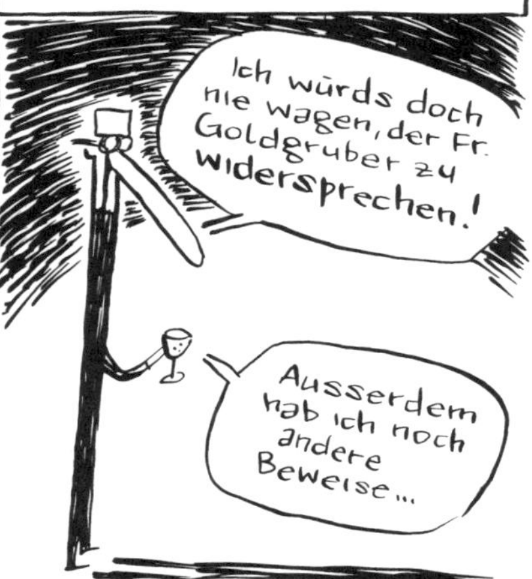

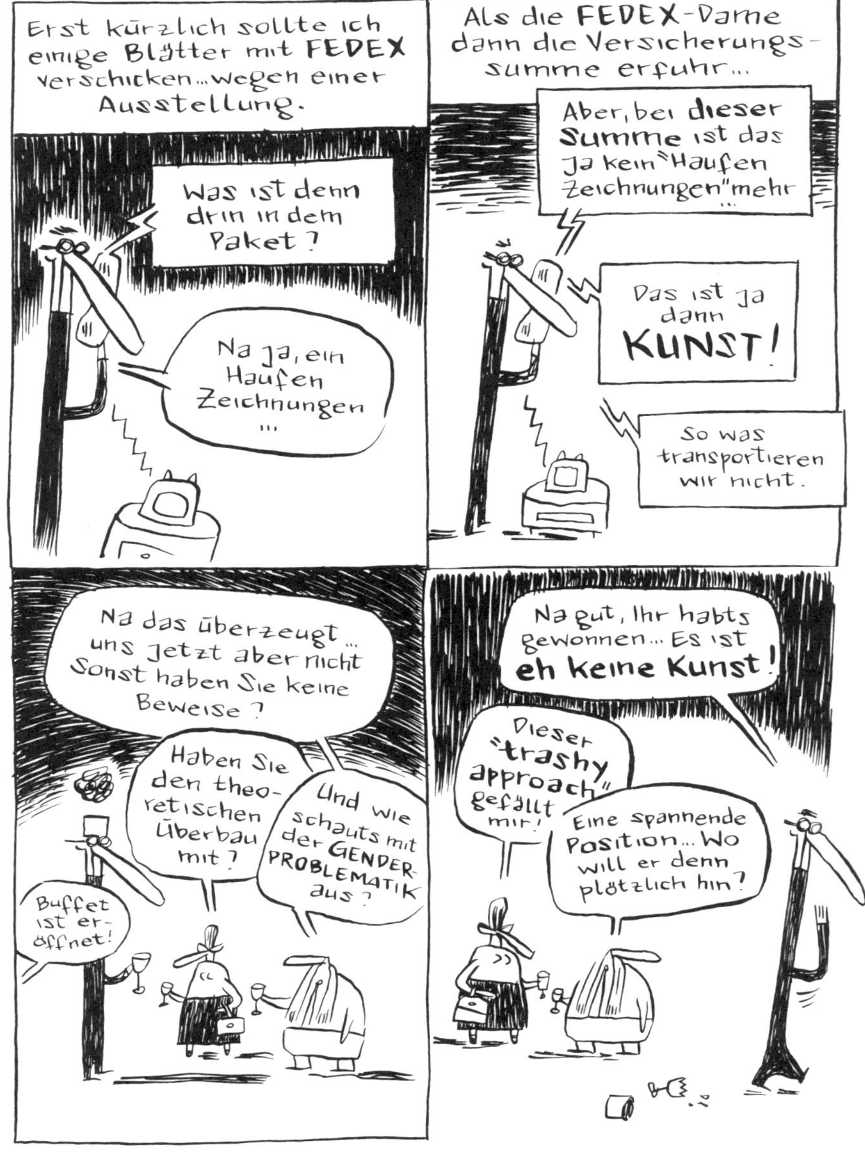
Erst kürzlich sollte ich einige Blätter mit FEDEX verschicken... wegen einer Ausstellung.
Was ist denn drin in dem Paket?
Na ja, ein Haufen Zeichnungen ...
Als die FEDEX-Dame dann die Versicherungssumme erfuhr...
Aber, bei dieser Summe ist das ja kein "Haufen Zeichnungen" mehr ...
Das ist ja dann KUNST!
So was transportieren wir nicht.
Na das überzeugt uns jetzt aber nicht ... Sonst haben Sie keine Beweise?
Haben Sie den theoretischen Überbau mit?
Und wie schauts mit der GENDER-PROBLEMATIK aus?
Buffet ist eröffnet!
Na gut, Ihr habts gewonnen... Es ist eh keine Kunst!
Dieser "trashy approach" gefällt mir!
Eine spannende Position... Wo will er denn plötzlich hin?

elftes Kapitel

"... und was machen Sie SONST NOCH?"

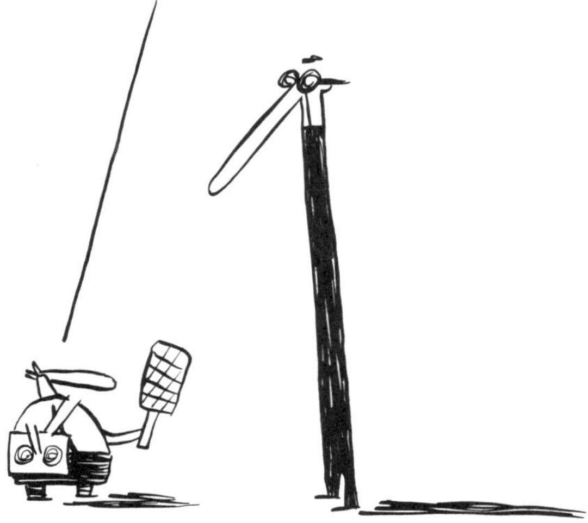

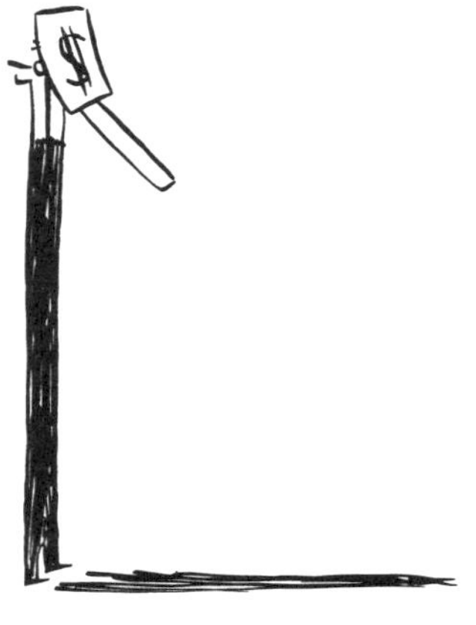

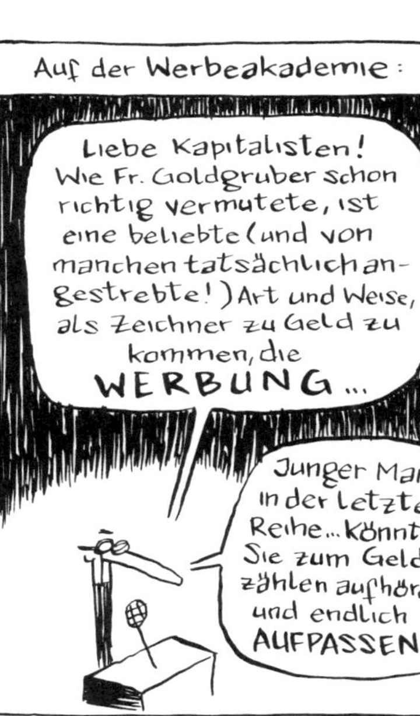

Wie jeder weiss, ist die Werbebranche ein Auffangbecken der grössten anzunehmenden Vollidioten*...

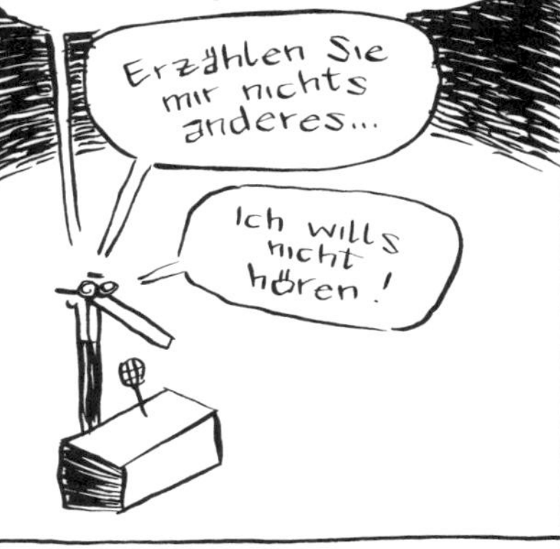

*übertroffen vielleicht nur vom KUNSTBETRIEB, COMICSHOPS und dem ORF.

Erklären Sie mir jetzt nicht, dass es auch "GUTE WERBUNG" gibt, "ORIGINELLE IDEEN" etcet...

ALLES BLÖDSINN! Wenn wir nun unsere Mathematikbücher auf Seite 17 aufschlagen, finden wir folgende Gleichung:

Diese Gleichung entsprang einem nächtelangen BRAINSTORMEN diverser "KREATIVER"...

WERBUNG = DRECK

Nun möchte ich gleich näher auf den Begriff BRAINSTORMING* eingehen... Es handelt sich hierbei um die Haupttätigkeit unserer Werbefreunde...

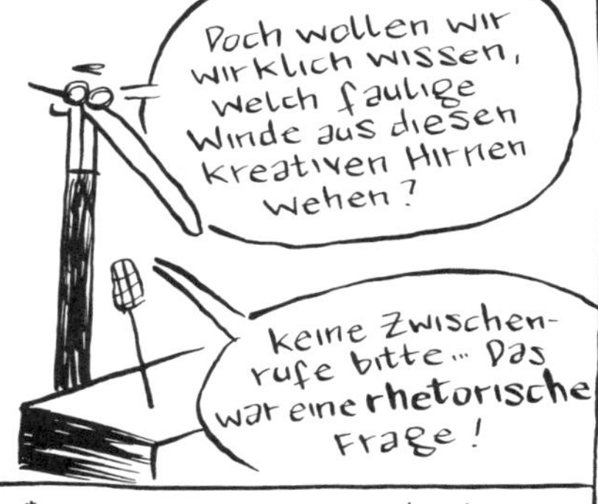

*BRAINSTORMING: englischer Ausdruck für: ZEITVERSCHWENDUNG

Ich erinnere mich an ein aufschlussreiches Treffen mit dem kreativen Chef einer unbedeutenden Werbeagentur...

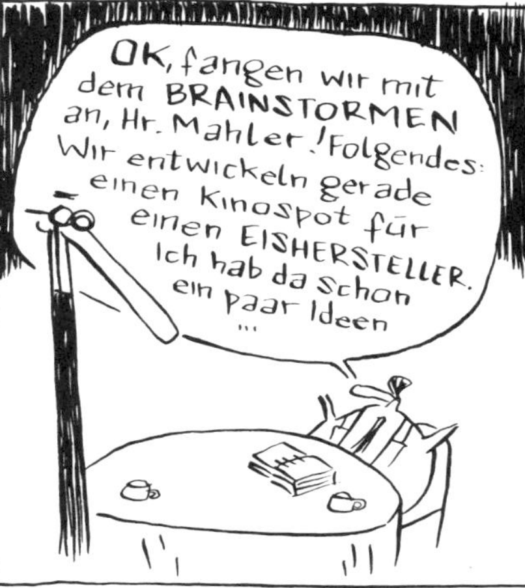

Wir werdens sehr SEXBEZOGEN anlegen... So was zieht immer bei der 14-jährigen Landbevölkerung! Also los: Folgendes Szenario: MUND VON INNEN !!! Hauptfigur: der GAUMEN! Weiterer Protagonist: DIE ZUNGE!!! Die Zunge hätt ich mir als dauergeilen Transvestiten vorgestellt...

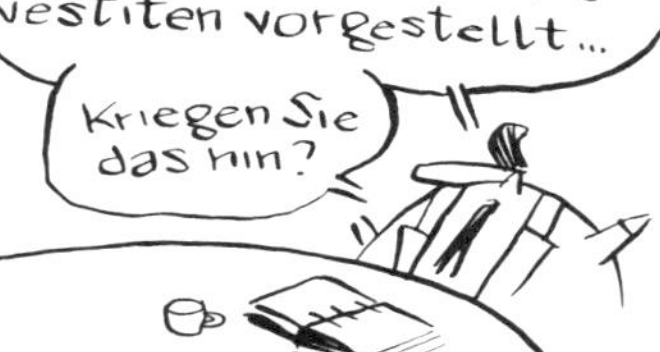

Es wird aber noch besser: Sagt die TRANSVESTITEN-ZUNGE zum Gaumen: "ICH BIN HEUT WIEDER SOO GEIL... ICH BRAUCHS GANZ DRINGEND!"... Da öffnet sich der Mund und das Eis dringt ein... PHALLUS-ARTIG! Die Transvestitenzunge beginnt geil dran zu lecken, bis...

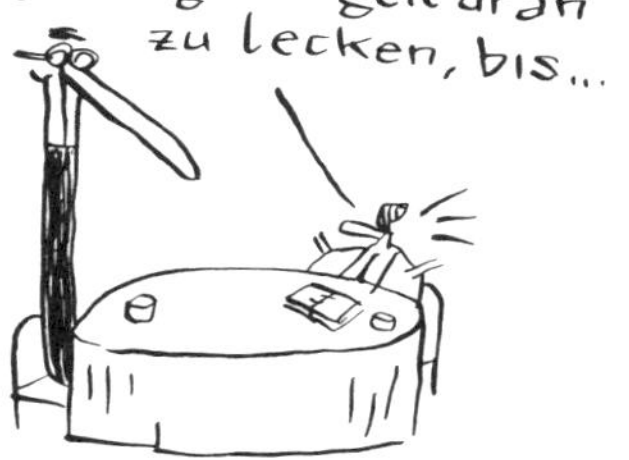

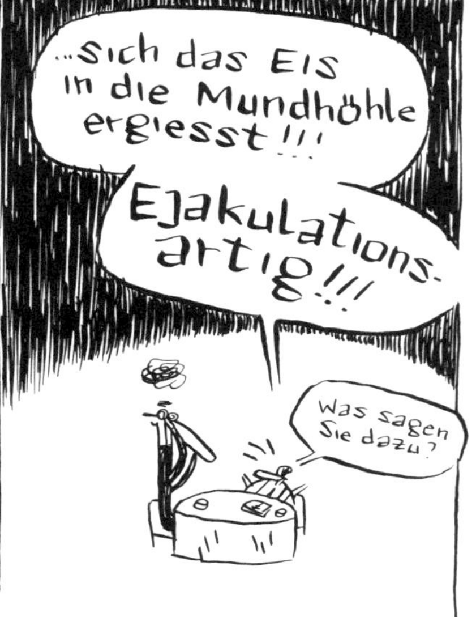

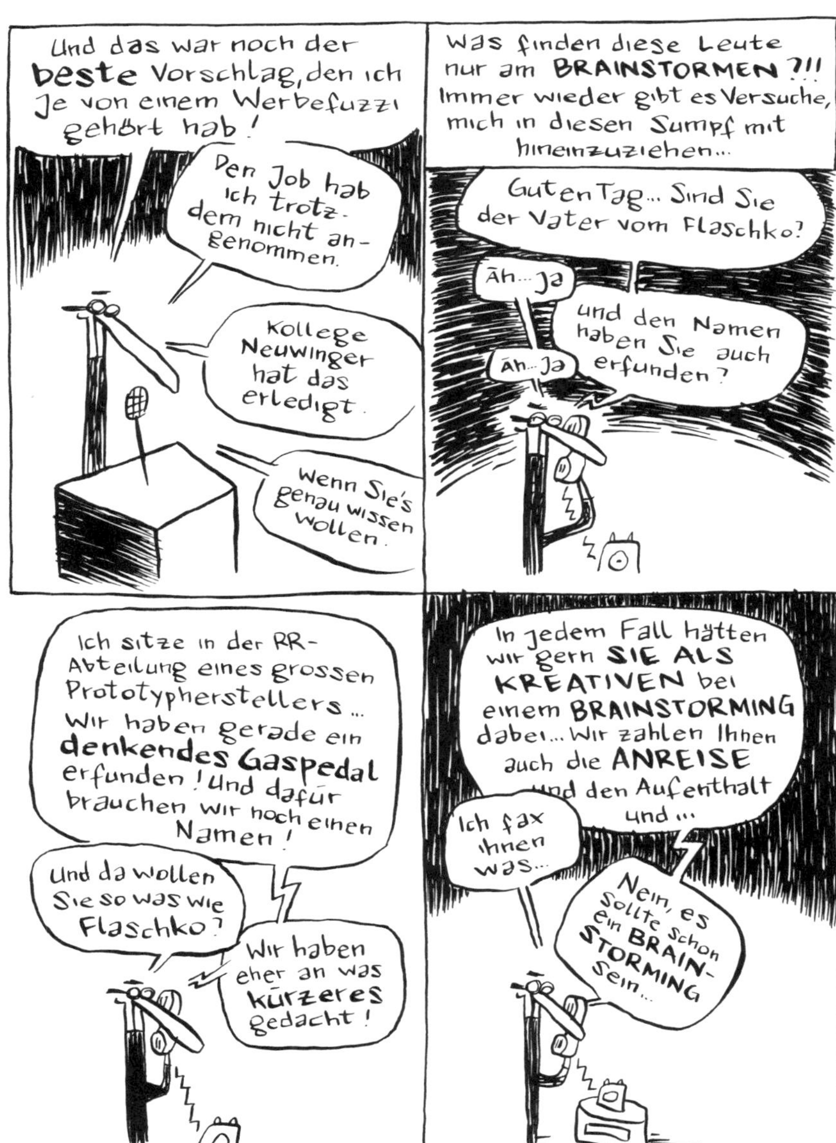
Und das war noch der **beste** Vorschlag, den ich je von einem Werbefuzzi gehört hab!
Den Job hab ich trotzdem nicht angenommen.
Kollege Neuwinger hat das erledigt.
Wenn Sie's genau wissen wollen.
Was finden diese Leute nur am **BRAINSTORMEN**?!! Immer wieder gibt es Versuche, mich in diesen Sumpf mit hineinzuziehen...
Guten Tag... Sind Sie der Vater vom Flaschko?
Äh... Ja
und den Namen haben Sie auch erfunden?
Äh... Ja
Ich sitze in der RR-Abteilung eines grossen Prototypherstellers... Wir haben gerade ein **denkendes Gaspedal** erfunden! Und dafür brauchen wir noch einen Namen!
Und da wollen Sie so was wie Flaschko?
Wir haben eher an was **kürzeres** gedacht!
In jedem Fall hätten wir gern **SIE ALS KREATIVEN** bei einem **BRAINSTORMING** dabei... Wir zahlen Ihnen auch die **ANREISE** und den Aufenthalt und...
Ich fax ihnen was...
Nein, es sollte schon ein **BRAINSTORMING** sein...

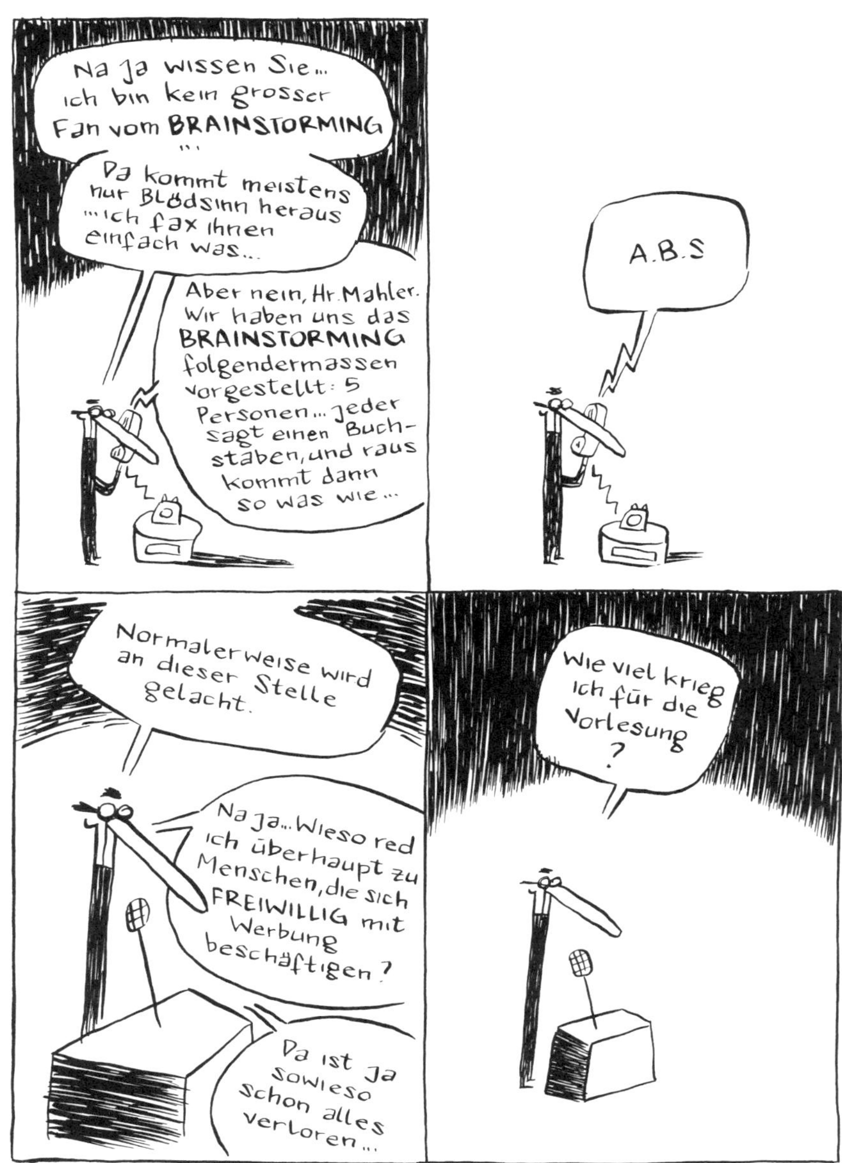
Na ja wissen Sie... ich bin kein grosser Fan vom BRAINSTORMING ...
Da kommt meistens nur Blödsinn heraus ...ich fax Ihnen einfach was...
Aber nein, Hr. Mahler. Wir haben uns das BRAINSTORMING folgendermassen vorgestellt: 5 Personen... jeder sagt einen Buchstaben, und raus kommt dann so was wie...
A.B.S
Normalerweise wird an dieser Stelle gelacht.
Na ja... Wieso red ich überhaupt zu Menschen, die sich FREIWILLIG mit Werbung beschäftigen?
Da ist ja sowieso schon alles verloren...
Wie viel krieg ich für die Vorlesung ?

Zwölftes Kapitel

„Na, wie war's bei den Sängerknaben?"

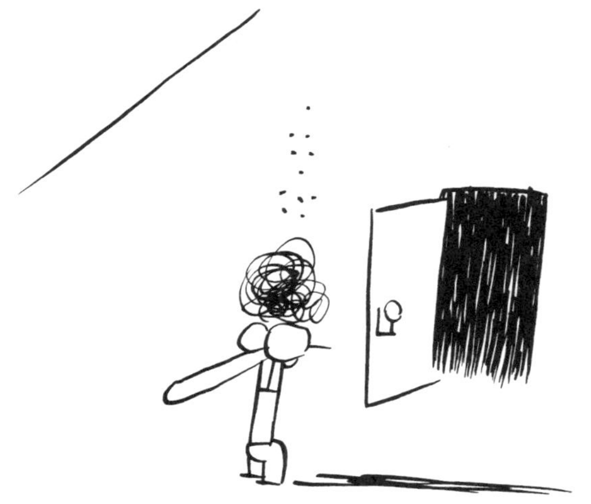

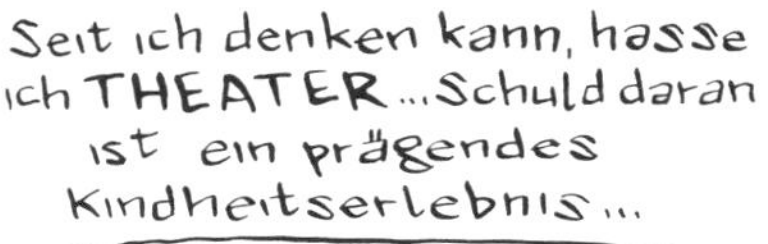

vor über 20 Jahren ...

SUPER! Heute, 14³⁰ FS 1: FANTOMAS, Spielfilm mit Louis de Funès ... Das ist ja in nur 2 STUNDEN!

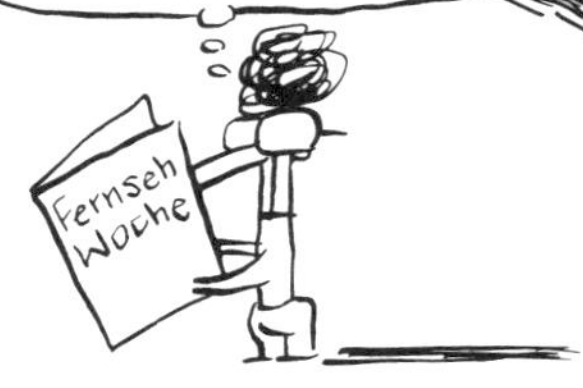

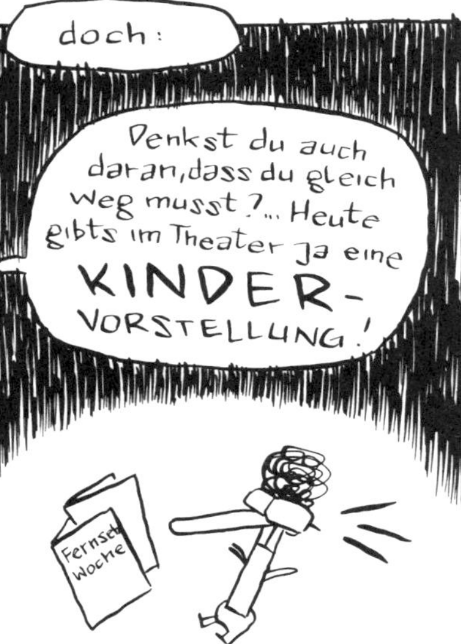

Im Zuge meines THEATER DER JUGEND-Abonnements hatte ich schon unzählige Stücke durchlitten ... Ich erinnere mich schemenhaft an ein sozialkritisches Stück, das im Gemeindebau spielte ...

Doch das war alles NICHTS im Vergleich zu jenem verhängnisvollen Nachmittag ... Während Louis de Funès also auf Verbrecher-Jagd ging, büsste ich bei den Wiener Sängerknaben all meine Kindersünden ab ...

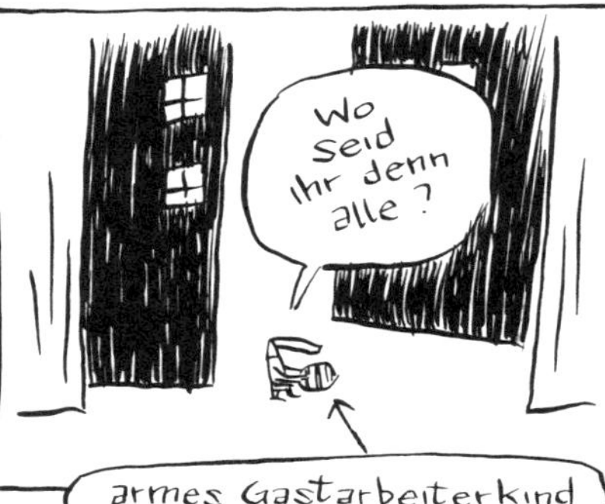

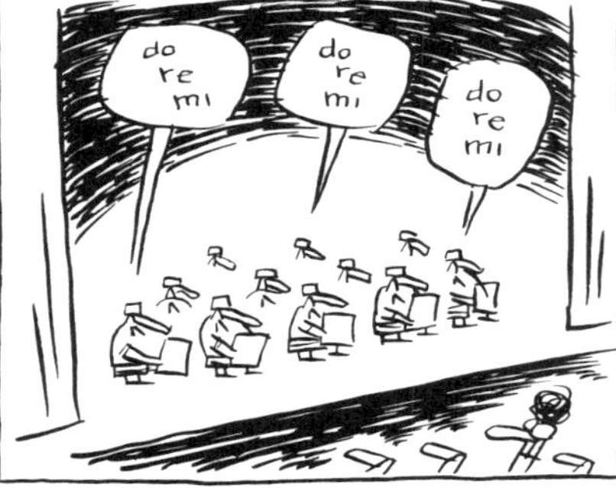

Sie werden jetzt vielleicht einwenden, dass es sich dabei um gar keine "echte" Theatervorstellung gehandelt hat...

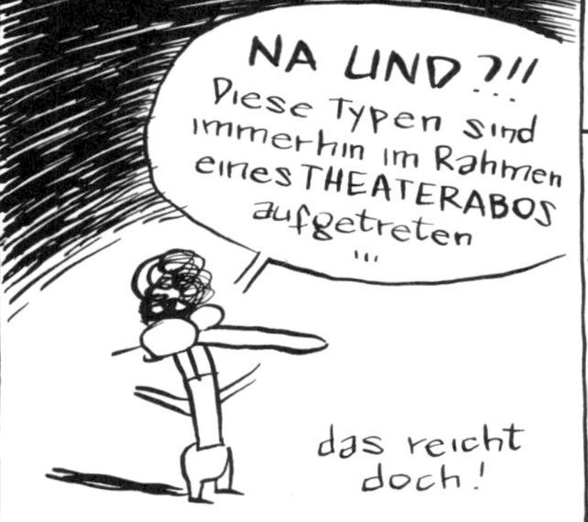

Seitdem hasse ich nicht nur das THEATER... auch CHÖRE, ALTKLUGE KINDER, MATROSEN und MENSCHEN-ANSAMMLUNGEN IM ALLGEMEINEN verursachen mir bis heute Magenkrämpfe ...

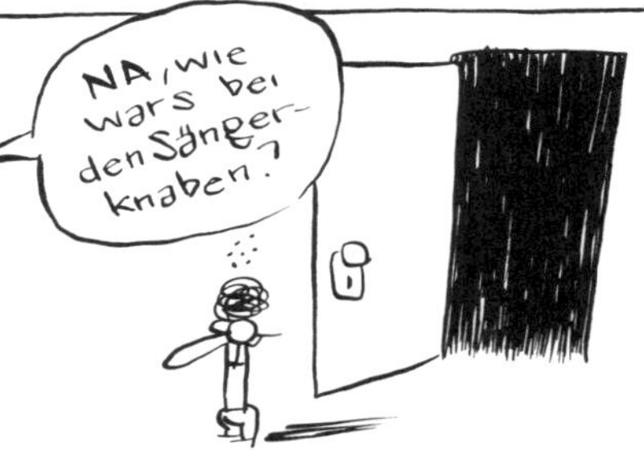

Es ist mir jedenfalls unverständlich, warum Leute FREIWILLIG ins Theater gehen... Wo's doch auch KINOS gibt!

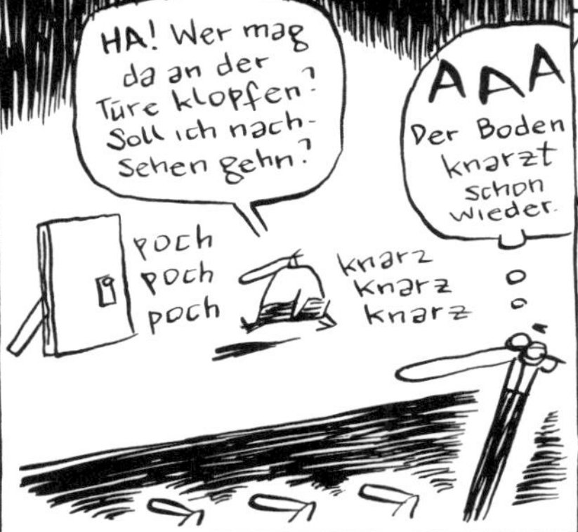

Wenn 70jährige Theater-direktoren von ihren Plänen berichten, "die Faszination OPER" auch dem jungen Publikum näherzubringen, laufen mir kalte Schauer über den Rücken...

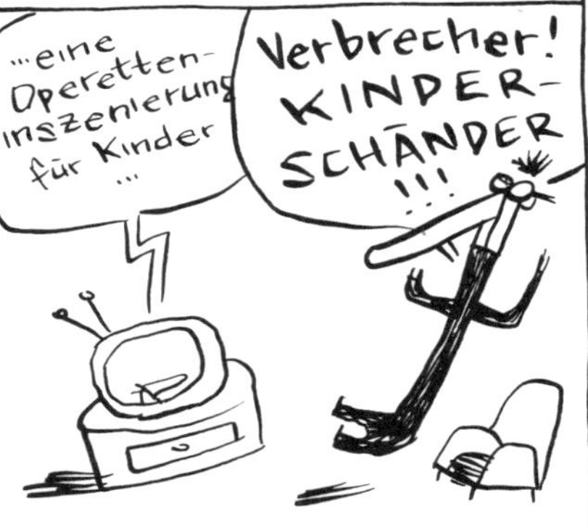

Diese Herrschaften verstehen einfach nicht, dass es ein **GESETZ DER NATUR** ist, sich für solche Dinge erst ab 75 zu interessieren... Seien es Oper, Operette... oder die Wiener Sängerknaben...

heute: Wiener Sänger knaben

do re mi

do re mi

do re mi

Klingt interessant... Eh schon wieder 70 Jahre her, seit ich die das letzte Mal gesehen hab...

Doch zurück zum Theater: Eines Tages – 20 Jahre später – erreichte mich ein Anruf aus der Schweiz:

Hallo, hier spricht Schuppli... vom Figurentheater VAGABU. Wir würden gerne Ihr Buch KRATOCHVIL als Puppentheater zur Aufführung bringen... Was sagen Sie dazu?

Ich war natürlich begeistert. Endlich zeigte jemand ehrliches Interesse an meinem Werk.

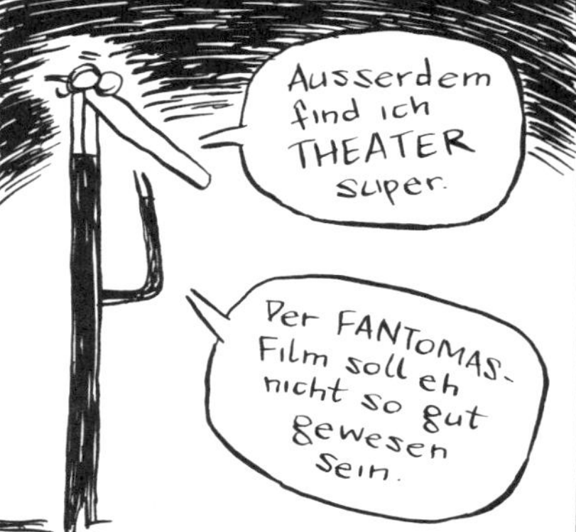

Die Aufführung war ein schöner Erfolg. Da waren ein paar gute Gags drin, und das Ganze dauerte nur knapp eine Stunde!

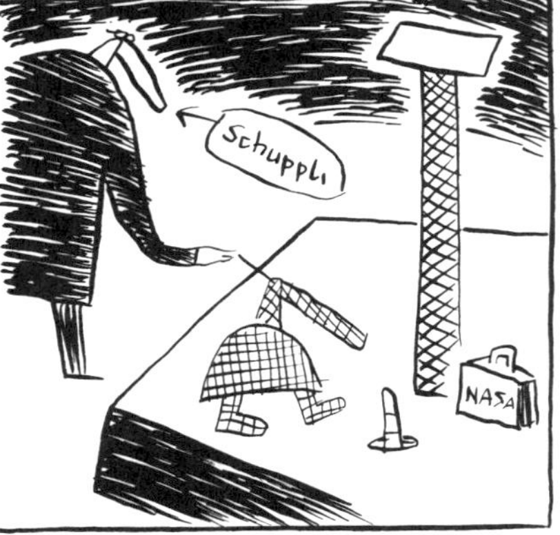

Der Schauspieler – Pierre Cleitman – hatte mein KRATOCHVIL-Buch auf PUNKT UND BEISTRICH auswendig gelernt! Toll, was diese Mimen so leisten.

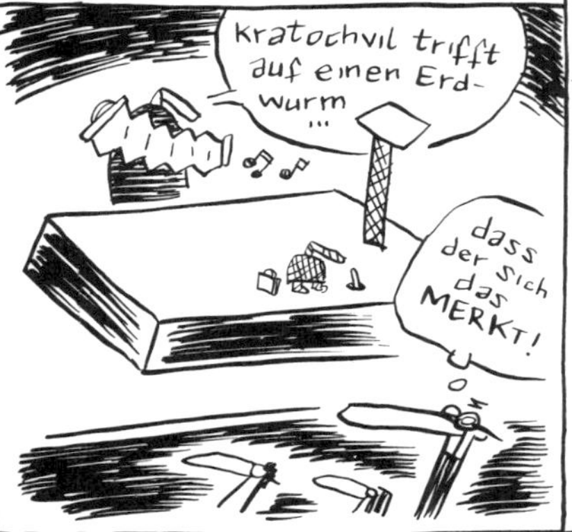

Ich war jetzt also ein Theatermann ... ein DRAMATIKER! Klingt auch viel besser als COMICZEICHNER.

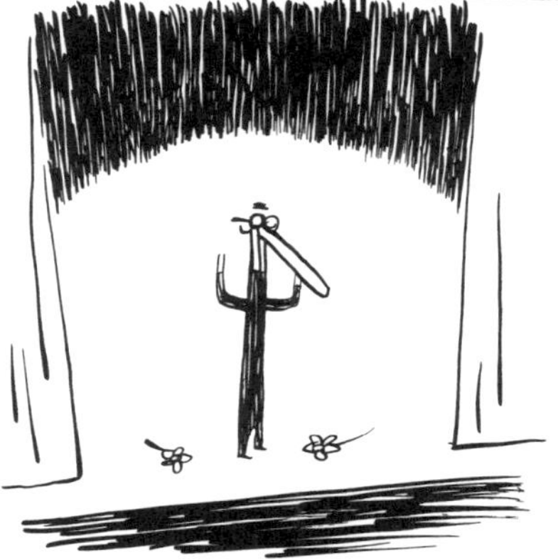

Die Signierstunde nach der Aufführung verlief dann auch anders als "normale" Comic-Signierungen.

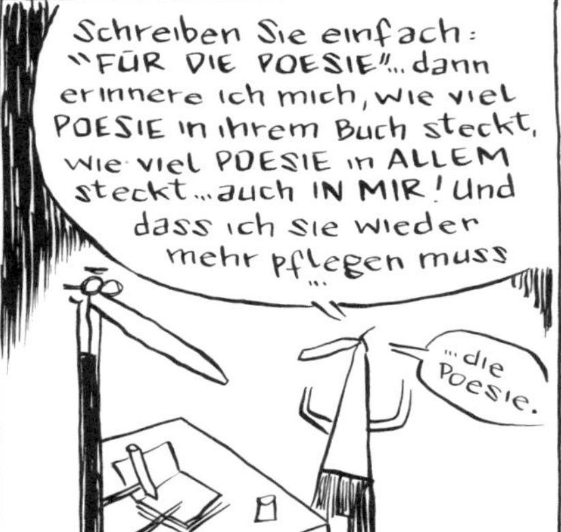

Alles war irgendwie "tiefer", mystischer ...

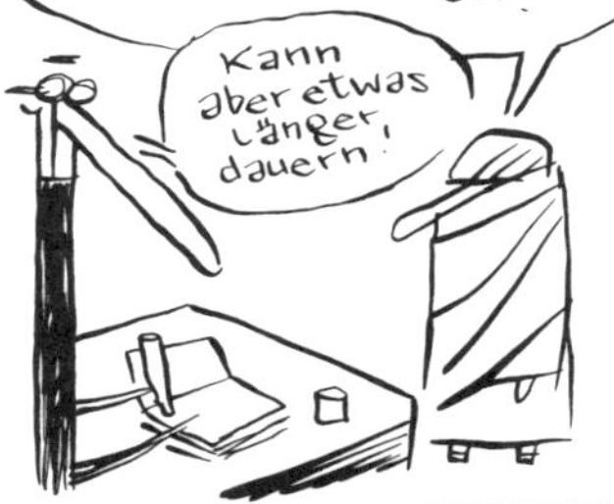

Feine Geistesmenschen begannen sich plötzlich für mein "Werk" zu interessieren.

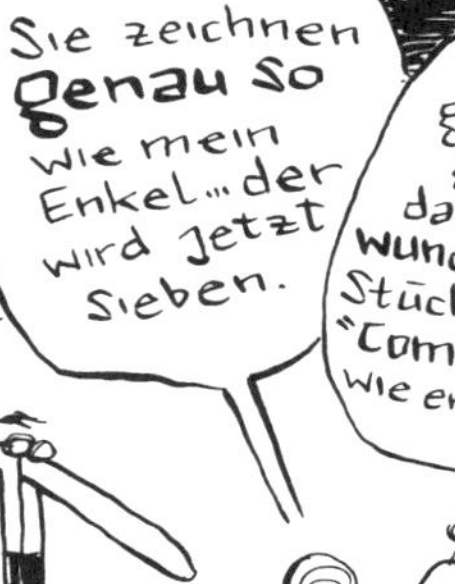

Endlich als "POET" anerkannt, wurde ich sofort in einige theatertypische Diskussionen verwickelt...

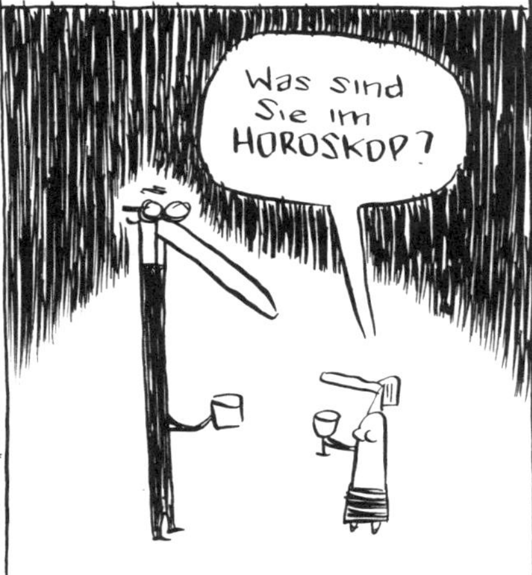

Ich war nun den Niederungen der "LOW ART" entstiegen, und eine angesehene Geistesgrösse geworden!

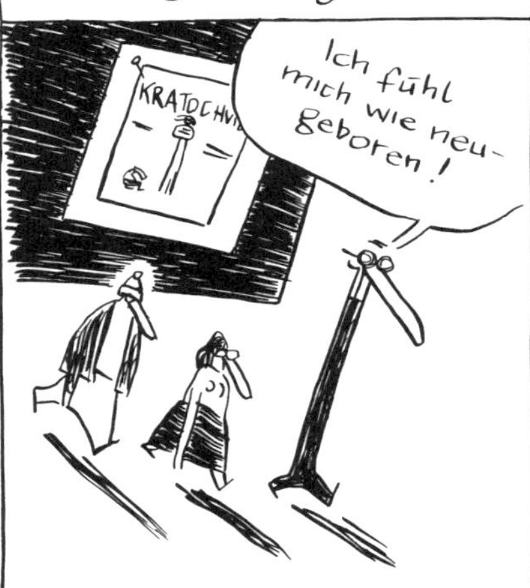

Es hatte also über 20 Jahre gedauert, bis ich mit dem THEATER Frieden schliessen konnte...

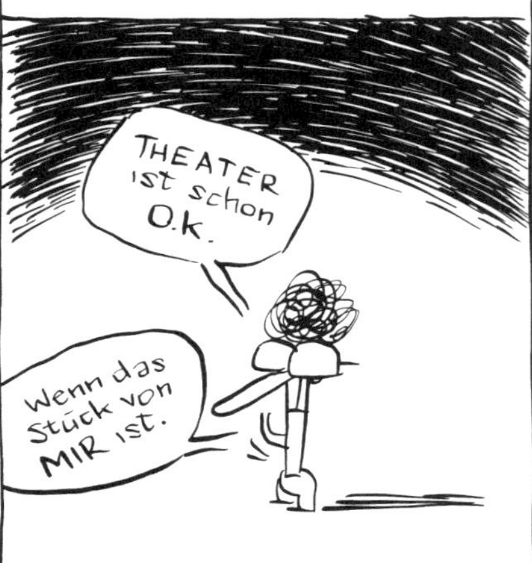

epilog

„das ist langweilig"

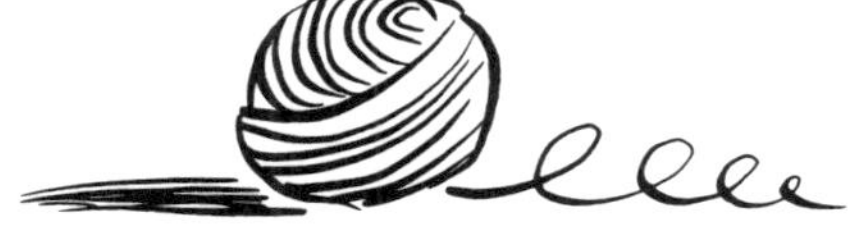

Vor über 20 Jahren...

Mit 7 Jahren entwickelte ich eine Vorliebe fürs Häkeln, Sticken und Schneidern...

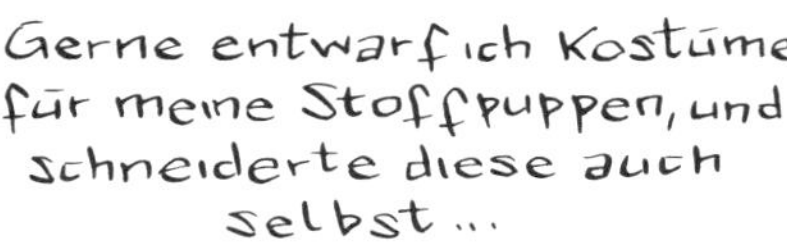

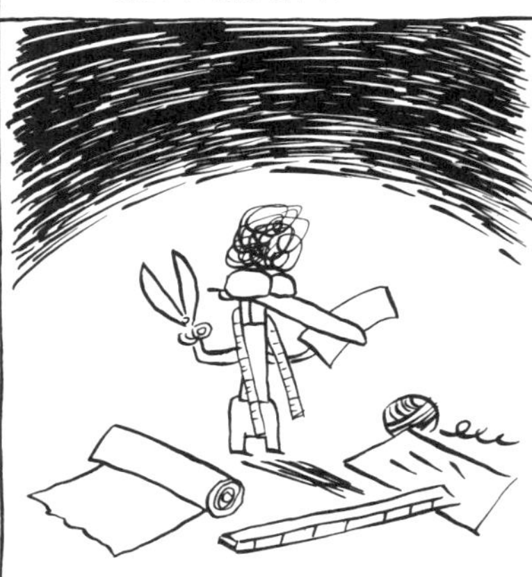

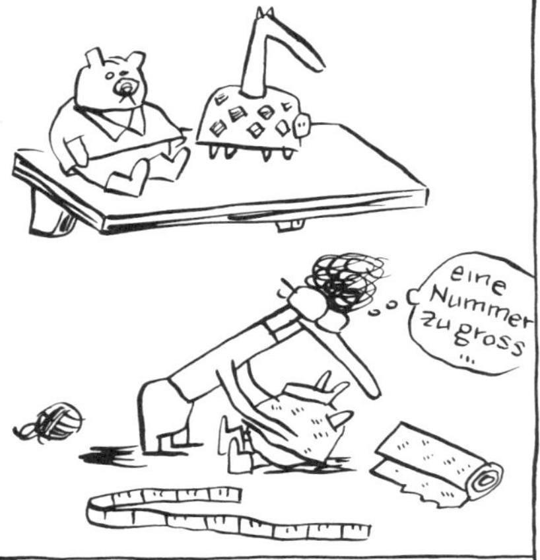

Ein Plastiksack mit alten Stofffetzen und ein paar Knöpfe waren das schönste Geschenk...

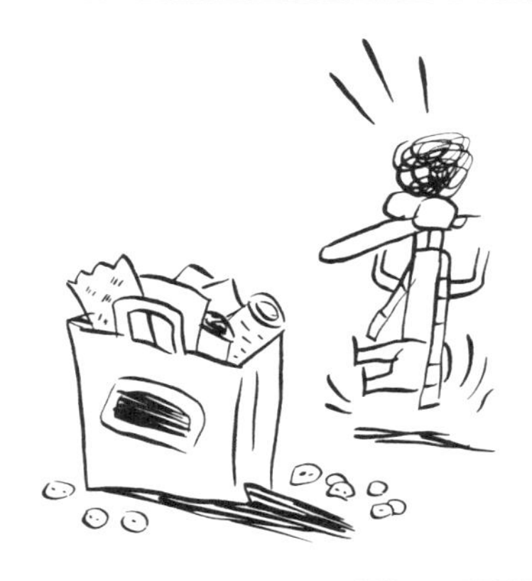

Doch die Umwelt reagierte verstört auf meine Interessen...

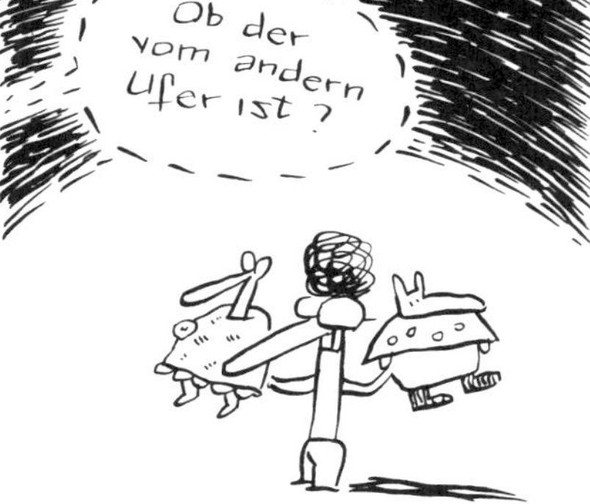

Alles deutete auf eine zukünftige Karriere als Modeschöpfer hin.

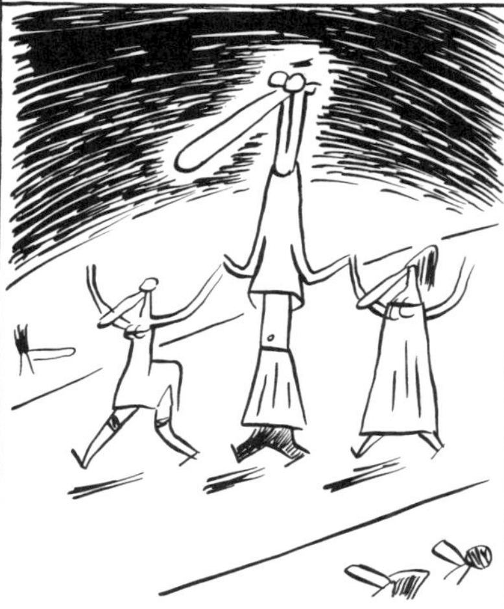

Welcher Teufel mich dann doch in die faden Arme der Humorzeichnung trieb... Ich weiss es nicht.

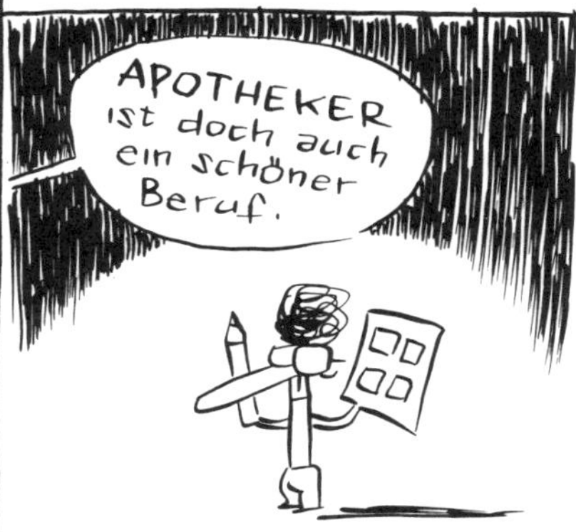

Das Frühwerk liess den späteren Meisterzeichner nur schwer erahnen.

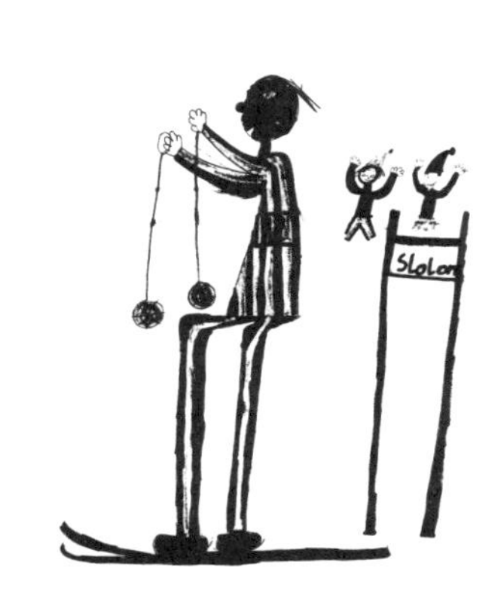

Und auch meine ersten Bilderzählungen aus dem wahren Leben fanden noch kein begeistertes Publikum.

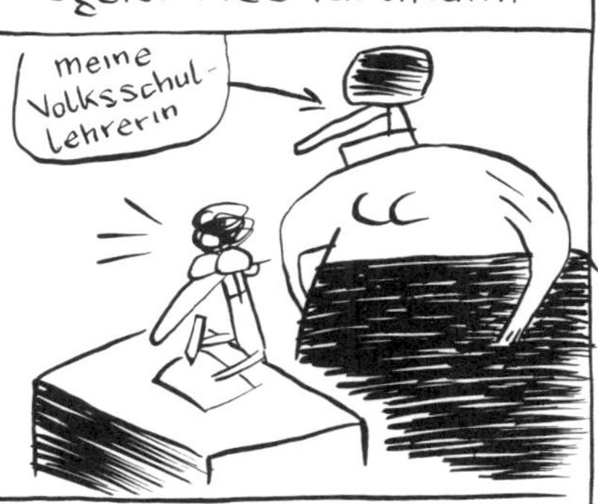

Wie folgendes Originaldokument aufs Eindringlichste belegt:

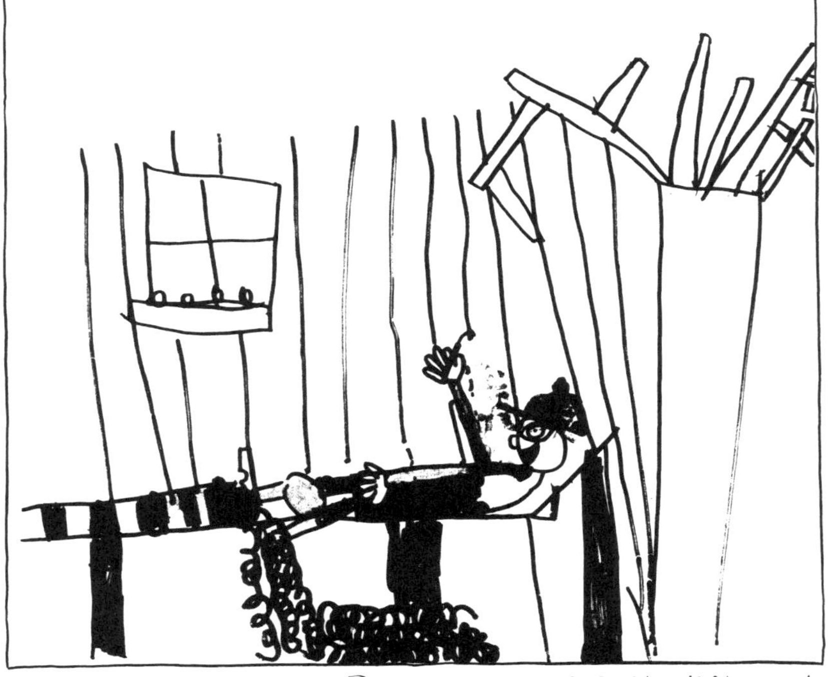

Abbildung © Niki Mahler 1977, Filzstifte und Volksschullehrerin auf Papier.

Christian Gasser

Ein Mann, sein Humor und seine Klagen

20 feine Comic-Bücher

Plötzlich war er da. Lang und dünn, die Haare und Kleider schwarz, schwarz auch die Brille, das Profil auffällig, nachlässig die Rasur und griesgrämig die Miene. Im Juni 1998 war es, am Comic-Salon von Erlangen – plötzlich stand er da, in der Hand seine beiden im eigenen Verlag edition brunft veröffentlichten Hefte „Lone Racer" und „Du Falott, Baby". Warum habe ich ihm die Hefte abgekauft? Ahnte ich das humoristische Genie hinter seinen krakeligen Zeichnungen? War es meine Leidenschaft für die Formel 1? Oder war es Mitleid?

Wie auch immer, auf der Rückreise entpuppten sich die beiden Comics als eine Lektüre, dank derer man seine Mitreisenden im überfüllten Zug nerven konnte, mit unkontrollierbarem Kichern und Gelächter. Wieder und wieder las ich sie, vor allem „Lone Racer", ich war hingerissen und begeistert, und ich lachte Tränen über diese an sich schwer melancholische Moritat über den versoffenen Autorennfahrer, der eine zweite Chance erhält und sie auch erfolgreich nutzt (er gewinnt das Rennen dank einer Massenkarambolage) – ehe er zurück in seine Spelunke wankt, um seinem Lebensabend entgegenzutrinken.

Offenbar war ich nicht der einzige, dem es so erging: Plötzlich tauchte Nicolas Mahler immer öfter wieder auf. Zuerst im Schweizer Comic-Magazin Strapazin, für das er 1999 „TNT" zeichnete, eine weitere Sportlerballade, diesmal über einen abgehalfterten Boxer, der seine letzte Chance nicht nutzt. Ende 1999 erschien „Lone Racer“ im renommierten französischen Autorenverlag L'Association, und das ist in der unabhängigen europäischen Comic-Szene gleichbedeutend mit dem Durchbruch.

Die Association begann vor zwölf Jahren die damals wirtschaftlich und kreativ stagnierende Comic-Szene aufzumischen und löste einen Umbruch aus, der weit mehr war als der längst fällige Generationswechsel. Von Anfang an setzten die Association-Autoren den herkömmlichen Genres (Abenteuer, Fantasy, Superhelden, Historiencomic, Krimi etc.) persönliche, nicht selten autobiografisch gefärbte Geschichten entgegen. Damit riefen sie in Erinnerung, dass der Comic mehr wert ist und weit mehr Ausdrucksmöglichkeiten bietet als die von der Industrie in den späten Achtzigerjahren besonders hartnäckig perpetuierten Stereotypen und Serienhelden, und sie definierten jenseits der verbrauchten Bilderwelten den Autorencomic für die Gegenwart neu. Innerhalb weniger Jahre setzte die Association dank des Erfolgs von Autoren wie Lewis Trondheim, David B. oder Joann Sfar ihre Vorstellung einer zeitgemäßen Bande dessinée durch, und zwar erfreulicherweise nicht nur in Frankreich: Die französische Comic-Revolution zeitigte sehr schnell in ganz Europa Wirkung, und so entstanden zwischen Portugal und Schweden, Deutschland und Slowenien neue Szenen, Verlage, Magazine und Festivals.

Wer von der Association veröffentlicht wird, wird zwar nicht reich – aber für ihn interessieren sich dann auch all die anderen: Von da an standen die Verlage und Zeitschriften der un-

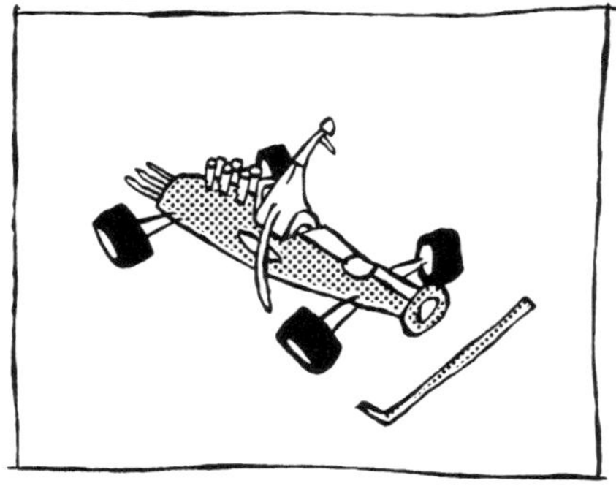

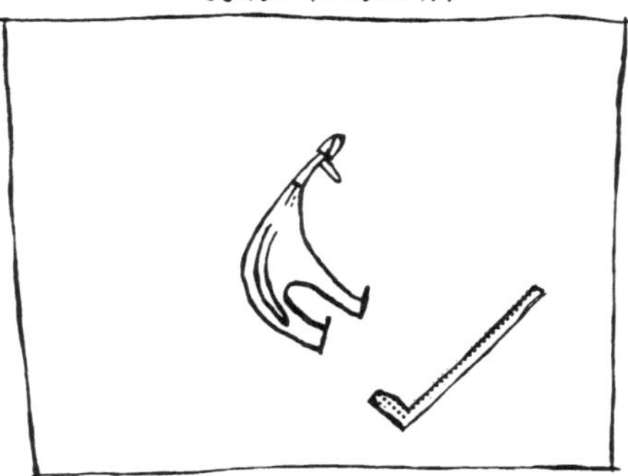

Ausschnitt aus: „Lone Racer“, eb, Wien 1998

abhängigen Comic-Internationale bei Nicolas Mahler Schlange, und plötzlich war er überall, in Frankreich, Deutschland, der Schweiz, Schweden, Slowenien, Kanada, den USA ..., seine Comics erschienen in den einschlägigen Magazinen, und binnen fünf Jahren veröffentlichte er rund 20 Bücher, Büchlein und Hefte, Tendenz steigend.

Überall? Na ja, offenbar doch nicht ganz überall. Ausgerechnet in seiner Heimat wird Nicolas Mahler kaum wahrgenommen, worüber er sich gern und ausgiebig beklagt. Das tut er offenbar lieber, sich beklagen, als seine internationalen Erfolge zu betonen und sich darüber zu freuen, daß sein Humor auf der halben Welt goutiert wird.

***

Wer nun dachte, der nicht sonderlich sportlich wirkende Mahler würde uns nach „Lone Racer“ und „TNT“ weiterhin mit aberwitzigen Sportlerschicksalen ergötzen, sah sich bald eines Besseren belehrt. Thematisch zog Nicolas Mahler bei gleichzeitiger Verfeinerung seiner zeichnerischen Mittel immer weitere Kreise: Western („Lame Ryder“), Erotik („Emanuelle’s Last Flight“), Horror („Die Leiden des jungen Frankenstein“) wurden entzaubert, und neuerdings zieht im Duell Feder gegen Degen sogar Zorro den kürzeren und verliert seinen mythischen Nimbus – er verkommt zum urbanen Macho alter Schule, der sich seines Edelmuts wegen allerhand Malheur mit dem schwachen Geschlecht aufhalst.

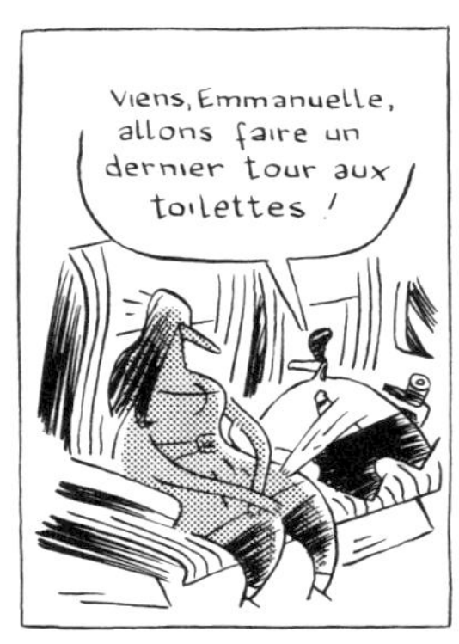

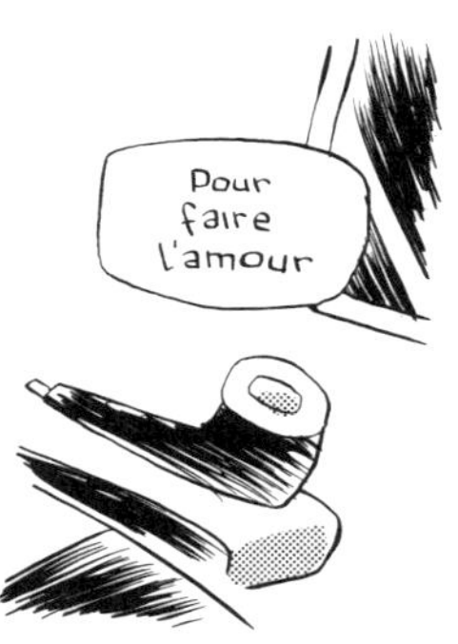

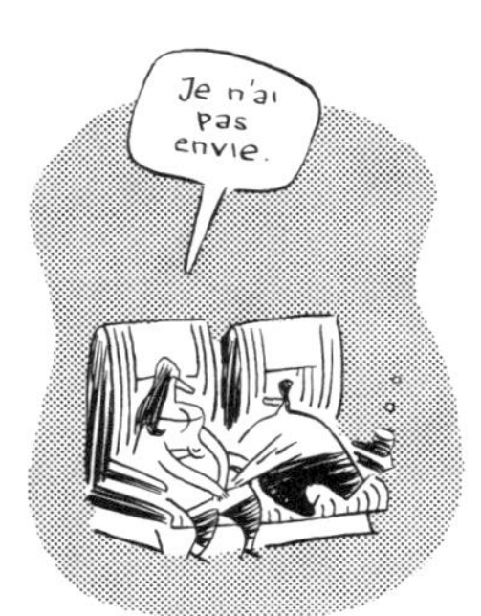

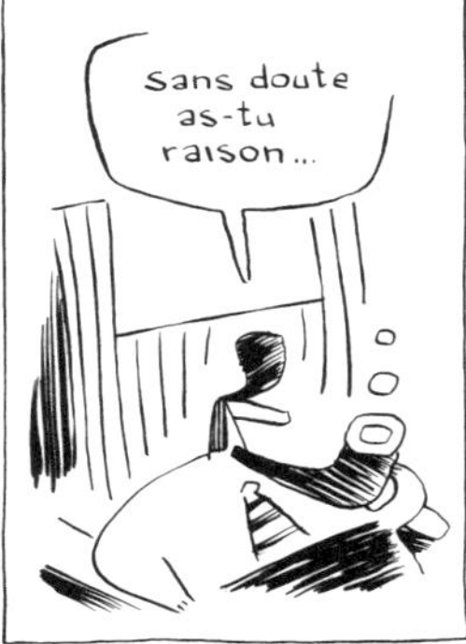

Ausschnitt aus: „Emanuelle’s Last Flight“, L’Association, Paris 2001

Originaltext: „Komm Emanuela, lass uns noch einmal aufs Klo gehen! … zum Liebe machen.“ „Ich hab keine Lust.“ „Wahrscheinlich hast du recht …“

Normalerweise erschöpft sich die Genreparodie ziemlich rasch, denn zu oft bleibt sie im Genre selbst stecken. Ist die Westernpersiflage nicht meistens einfach ein schlechter Western? Lässt sich ein Softporno überhaupt verballhornen? Damit hat Nicolas Mahler allerdings kein Problem. Er lässt das Genre und seine Protagonisten weit hinter sich; er scheint die Vorlagen dermaßen verinnerlicht zu haben, dass er sich erlauben kann, sie völlig zu ignorieren. Oder vielleicht hat er im Gegenteil noch keinen „Emmanuelle"-Film gesehen (was ich allerdings zu bezweifeln wage), und vielleicht sind seine Kenntnisse des Frankenstein-Komplexes so lückenhaft, dass er den Wissenschaftler Victor Frankenstein mit seinem namenlosen Monster verwechselt (aber das tun schließlich die meisten).

Ausschnitt aus: „Les souffrances du jeune Frankenstein",
L'Ampoule, Paris 2003 – Originaltext: „Der hat ur die depperten Schuhe!"

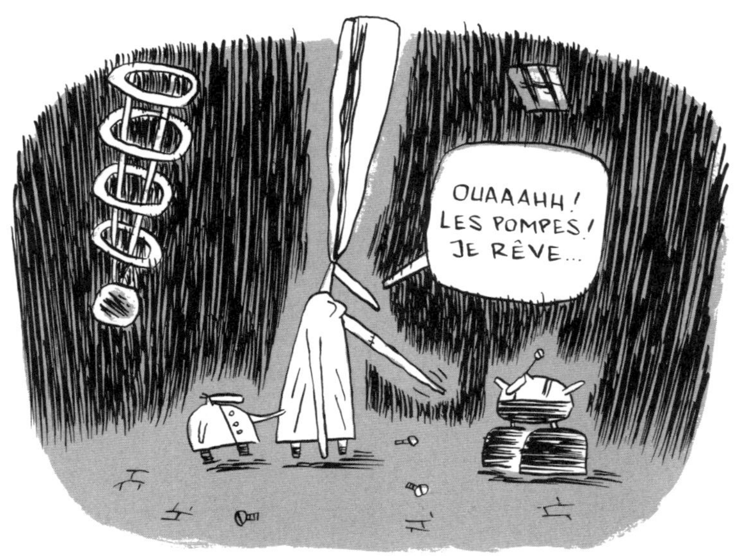

Andererseits kann man sich fragen, ob ein Buch wie „Die Leiden des jungen Frankenstein" nicht gerade deshalb interessant wird, weil a) die Hauptfigur den allgemein bekannten und mit zahlreichen Erwartungen verbundenen Namen Frankenstein trägt, b) Mahler mit der Verwechslung von Wissenschaftler und Kreatur spielt und c) seine Version gar nichts mit Mary Shelleys Gruselroman „Frankenstein" und nicht viel mehr mit Goethes Adoleszenzdrama „Die Leiden des jungen Werther" zu tun hat. Vermutlich wäre dieses Buch nur komisch. Dank des Titels aber ist es urkomisch, weil sich die melancholische Betrachtung einer ganz normalen und deshalb horriblen Pubertät paart mit der Enttäuschung unserer durch die Verweise geweckten Erwartungen. Der wahre Horror ist die Pubertät, scheint uns Mahler sagen zu wollen. Und: Der pubertierende junge Mensch ist ein Monster. Akne und Plateauschuhe sind schlimmer als ein verschraubter Schädel. Aber das wissen wir ja alle.

Letztlich aber ist dies das Los der meisten Ikonen der populären Kultur: Sie verselbstständigen sich, sie gehören uns allen, und deshalb haben die meisten Verarbeitungen von Frankenstein und Werther zu Filmen, Bühnenstücken, Comics etc. kaum etwas mit dem Original gemein.

Deshalb ist Mahlers Vorgehen legitim, und es drängt sich nur die Frage auf, mit wem Mahler in seinen Parodien abrechnet. Mit den Figuren? – Was für eine bemitleidenswert tragische Figur seine Emanuelle abgibt – man würde die Sexgöttin am liebsten herzen und trösten! Mit dem Genre an sich? – Wie nahe im Western Pathos und Posse sind! Oder etwa mit dem Liebhaber populärer Genres beziehungsweise dem Bildungsbürger? Oder will Mahler uns mit seinem hohen Unsinn in erster Linie gut unterhalten? Und: Wann zeichnet er endlich die definitive Superheldenparodie?

***

Mahlers Männer sind entweder lang und dünn und tragen auffällige Nasen zur Schau. Oder sie sind klein und rund und sind nasal gut profiliert. Meistens sind seine Männer kleiner, immer aber irgendwie mickriger als seine Frauen. Mahlers Frauen sind entweder stark, groß und sekundär üppig attribuiert, oder sie sind klein und eckig und markieren ihre Weiblichkeit mit extravaganten Frisuren. Ob sie schön sind, ist den Zeichnungen Mahlers nicht zu entnehmen, aber sie sind auf jeden Fall begehrenswerter als die Männer. Das heißt, sie werden von Mahlers männlichen Protagonisten begehrt (was ihre Attraktivität natürlich stark relativiert).

Um zu verstehen, was Männer und Frauen treibt, muss man „Désir" (Verlangen) lesen, Mahlers brillante Fibel zum Thema Begehren und Begehrtwerden. In vier Geschichten illustriert er so ziemlich alles oder zumindest ziemlich viel rund um das Geschlechtliche und beweist, dass nicht wenige Missverständnisse und Katastrophen ihren Ursprung im Tanz der Begierden haben. Die Anmache in der Bar, die Miete einer Trottoirschwalbe, der verschämte Flirt am Zeitungskiosk und die aufdringliche Umwerbung der blonden Nachbarin, das alles erzählt uns Mahler in einfachen Bildern, ohne ein einziges Wort. Wo es nicht anders geht, visualisiert er die Dialoge und die Hintergedanken mit Piktogrammen in den Sprech- oder Gedankenblasen.

Comics ohne Worte, sogenannte Pantomimencomics, wurden spätestens mit der 2000 Seiten schweren internationalen Anthologie „Comix 2000“ der Association zum Trend in der unabhängigen Szene. Nicht zuletzt aus materiellen Gründen: Pantomimencomics lassen sich ohne den Aufwand für die Übersetzung und das Lettering überall veröffentlichen. So konnte „Désir“ im frankokanadischen Verlag La Pastèque erscheinen und 2002 am Comic-Salon von Erlangen mit dem ICOM-Independent-Preis ausgezeichnet werden.

Der Pantomimencomic ist eine Ausdrucksform mit eigenen Regeln, Möglichkeiten und Beschränkungen, die vom Zeichner eine besonders sichere Beherrschung der Bildsprache heischt. Eine differenzierte Psychologisierung der Figuren ist nicht möglich, zu detaillierte Beschreibungen erschweren das Verständnis, und auch narrative Ellipsen und unvermittelte Richtungsänderungen sind heikel – der Autor muss auf Klischees und Allgemeingültiges zurückgreifen, auf eindeutige Bilder und Situationen, auf deren Grundlage er eine neue Geschichte bauen kann.

Das bedeutet aber nicht, dass Pantomimencomics simpel gestrickt und oberflächlich sein müssen. Im Gegenteil: Durch die Reduktion auf das Wesentliche entfalten sie nicht selten eine unvermutete Vielschichtigkeit und Genauigkeit in der Aussage. Wie Nicolas Mahler die Beziehungen zwischen Männchen und Frauchen schildert und wie er in seinen stummen Comics selbst das Schweigen (!) einsetzt und spürbar macht, ist magistral. In seinem Barthekenblues etwa: Ein eitler Manager versucht eine schöne Unbekannte kraft protzigen Gehabes und seiner Erfolgsprahlereien zu bezirzen. Je länger das Gespräch dauert, je persönlicher die Fragen der Lady

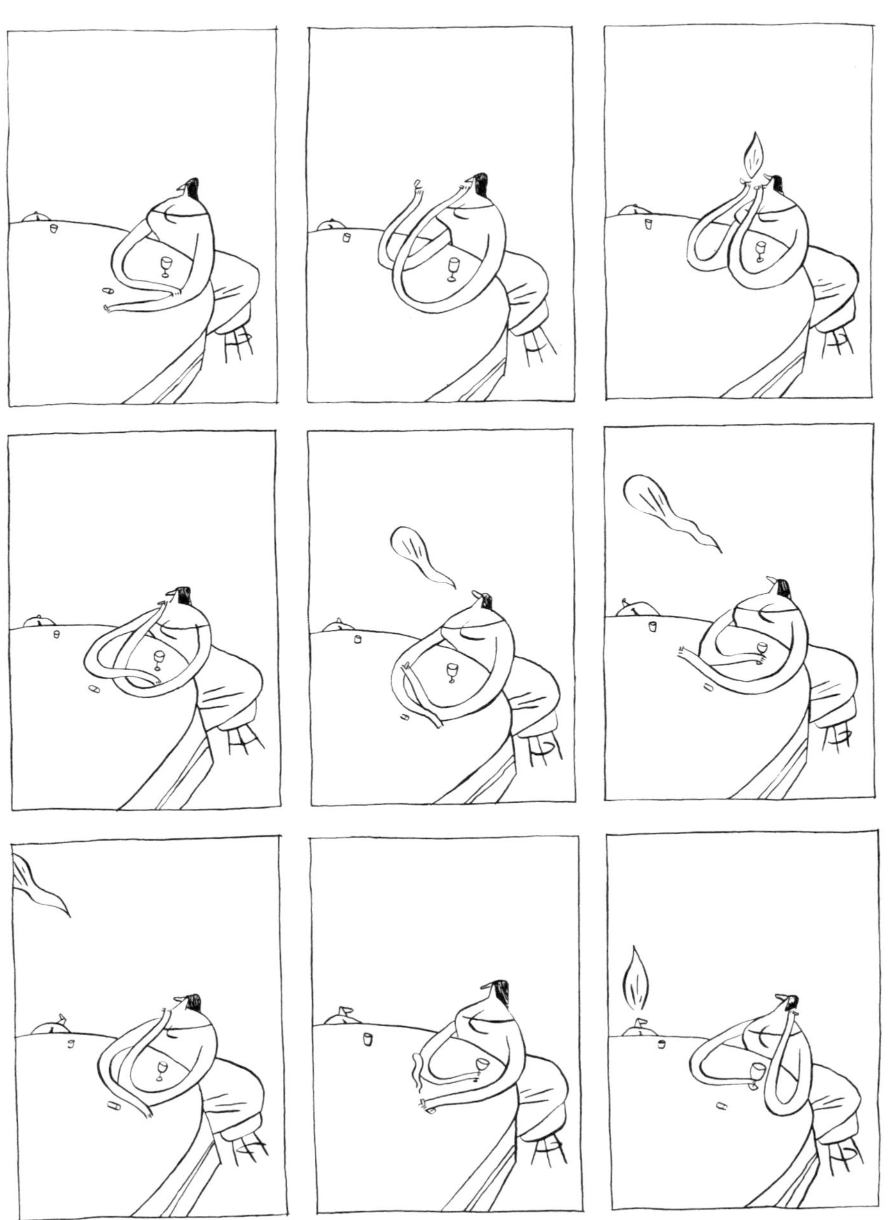

Ausschnitt aus: „Désir“, Éditions de la Pastèque, Montreal 2001

werden und je länger die Momente des Schweigens anhalten, desto mehr demontiert sich der Mann selber durch das Eingeständnis der Wahrheit, die weit erbärmlicher ist als die Fassade: Er ist unfruchtbar, seine Frau betrog ihn, er verprügelte sie – sodass es niemanden überrascht, dass die Schöne nach ihrem strategischen Rückzug auf die Toilette nicht an die Bar zurückkehrt. Und der Mann? – Hurtig leert er die Weingläser, die die Schöne nicht angerührt hat. Bezahlt ist schließlich bezahlt. Dann trollt er sich torkelnd davon.

Die Präzision, mit der Mahler ohne Worte erzählt, die Präzision, mit der er seine Figuren zeichnet, Stimmungen, Gefühle und Gedanken vermittelt, die Sicherheit, mit der er die Komik der Situationen inszeniert, ist umso verblüffender, weil er so einfach zeichnet, so minimal. Eine Seite von Mahler sieht nach gar nichts aus. Wie hastig hingekritzelt. Nachlässig hingekrakelt. Die Figuren sind überstilisiert, sie haben meistens weder Augen noch Mund und damit kein Mienenspiel. Die Dekors sind noch stilisierter. Es sieht wie gesagt nach gar nichts aus. Und das ist eine weitere Qualität Mahlers: Virtuos führt er vor, was man mit minimalistischen Zeichnungen alles anstellen kann, wie viel – auch Hintergründiges und Komplexes – man vermitteln kann und wie selbst einfachste Zeichnungen immer genau das ausdrücken, was sie ausdrücken sollen.

Nicolas Mahler behauptet zwar, er zeichne nicht bewusst minimalistisch. Interessant wäre zu sehen, was herauskäme, würde Nicolas Mahler mal mit Absicht minimalistisch erzählen und zeichnen.

***

In „Flaschko“ sind nicht nur die Zeichnungen und Figuren minimal, sondern die ganze Anlage des Strips: „Ein Mann, seine Decke und dessen Mutter. 132 Sitzmelodramen!“ Ausnahmsweise verspricht der Rückseitentext nicht zu viel, genau darum geht's nämlich in „Flaschko. Der Mann in der Heizdecke“: Um den erwachsenen Flaschko, der in seiner Heizdecke vor sich hin vegetiert, und dem nichts ferner liegt als der Gedanke, die Wohnung seiner Mutter zu verlassen. Und ihr Fernsehgerät. Seine Mutter wiederum unternimmt dann und wann einen zaghaften Versuch, Flaschko aus seiner Heizdecke zu locken und zu mehr Lebensmut zu ermuntern. Vergeblich.

Der Rückseitentext verspricht aber nicht genug. Er verschweigt, dass Nicolas Mahler aus dieser „Ménage à trois“ (eine Mutter, ein Sohn, ein Fernseher) 132 gute Witze schöpft. Denn er verwandelt dieses Wohnzimmer, das miefiger und öder nicht sein könnte, in die Bühne eines Familiendramas voll hintergründiger Spannungen. Mutter und Sohn brauchen einander – er braucht die Steckdosen ihrer Wohnung für sein Heizdeckenkabel, und sie braucht ihn als Mittelpunkt ihrer Zuwendung in einem ansonsten leeren Leben –, und diese gegenseitige Abhängigkeit nährt ihre Haßliebe, eine Mischung aus Sorge, Verachtung und Revolte. Ja, Revolte. Denn Flaschko begehrt auch schon mal auf, und auf die Bemerkung seiner Mutter, mit Fernschaun allein werde er wohl nicht sehr viel erreichen, erwidert er: „Ich nenne es jetzt Sitzstreik.“

Nicolas Mahler ist einer der wenigen deutschsprachigen Zeichner, die sich auf die hohe (aber hartnäckig unterschätzte) Kunst der Comic-Strips verstehen. Er weiß, wie man aus Beschränkungen eine Tugend macht, wie man die immer gleiche Situation in drei Bildern durch- und ausspielt, ohne sie zu wiederholen, und wie man sie dank feiner (und manchmal auch erfrischend plumper) Variationen immer wieder erneuert. Er weiß, wie man gewisse Scherze („Die lange Sylvia-Kristel-Nacht“ etwa oder natürlich den „Dämon Damenlikör“, dem Flaschkos Mutter in ihrer Hoffnung, der tristen Realität zu entfliehen, verfällt, ehe sie bei den Anonymen Alkoholikern ihr Heil und einen Mann sucht) über mehrere Strips weiterentwickelt und ad absurdum führt – er weiß aber auch genau, wann man sie abbrechen muss, damit sie nicht langweilig werden.

Das ist alles so schön lustig. Aber nicht nur. Wie alle echten Humoristen ist Nicolas Mahler eigentlich gar kein Komödiant, sondern ein Tragiker, der sich mit nichts Geringerem als der Conditio humana beschäftigt. Nur – seine Comics wären nicht erträglich, würde Mahler seinen Pessimismus nicht hinter seinem Humor verstecken. Und so erlaubt auch „Flaschko“ mehrere Lesarten (auch wenn Mahler solchen Interpretati-

Flaschko und die Kunst. Aus: „Flaschko. Der Mann in der Heizdecke“, Edition Moderne, Zürich 2002

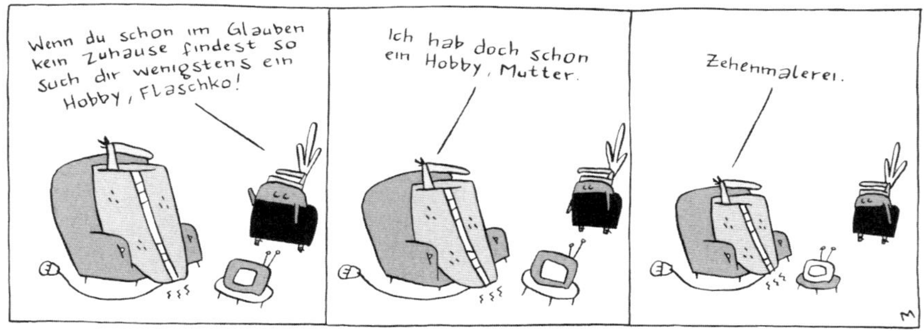

onen am liebsten widerspricht): „Flaschko" lässt sich psychologisch deuten (das Heizdeckenkabel als die nicht gekappte Nabelschnur), er hat durchaus auch eine gesellschaftliche Ebene (das Phänomen des immer später aus dem Elternhaus ausziehenden Nachwuchses), aber in erster Linie ist „Flaschko" ein philosophischer Strip: Er inszeniert die Absurdität der Existenz von Flaschko und seiner Mutter. Die beiden sind sich dieser Absurdität nicht bewusst, zu tief sind sie in ihrem entsetzlich banalen Alltag verstrickt, doch ergreift sie dann und wann eine leise Ahnung des metaphysischen Vakuums in ihnen. Mahler freut's, er kostet sowohl die Banalität als auch den unterschwelligen Schauder aus, und das ist natürlich, nicht anders als bei Samuel Beckett (siehe auch weiter unten), ungeheuerlich komisch.

***

Mahlers Humor wird immer freier. Lehnte er sich früher stark an Genres und Vorlagen an, deren komisches Potenzial er durch die Variation der mit ihnen in Verbindung gebrachten Klischees ausspielte, riskiert er immer mehr. Am weitesten ging er bisher in „Kratochvils Welt", das er ursprünglich für die „Frankfurter Allgemeine Zeitung" zeichnete und das die Association unter dem Titel „Kratochvil" als Buch veröffentlichte.

Kratochvil gehört zu den kleinen Dicken, dafür sind die Bäume in seiner Welt lang und dünn und von mickrigem Geäst gekrönt und sehen aus wie Bohrtürme in der Wüste. Irgendwie findet sich Kratochvil urplötzlich in dieser Einöde wieder – Ist er gestorben? Ist es ein Albtraum? – und irrt zwischen den Bäumen umher. Er vermisst die Fabrik und die Zivilisation. Er sucht – was sucht er eigentlich? Er sucht – – – nichts.

Nicht einmal den Sinn seiner Irrfahrt, geschweige denn den Sinn seines Lebens. So was gibt's bei Mahler nicht.

Eigentlich sind diese Strips gar nicht komisch. Natürlich enden die meisten Strips mit einem Gag, aber diese Gags sind gar nicht so wichtig. Manchmal wirkt die Pointe sogar leicht bemüht. Das Witzige sind die unwitzigen fünf Bilder vor der Pointe, die Absurdität von Kratochvils Wanderung. Die Leere. Die Vorhölle, in der er sich befindet. Die Einsamkeit. Die Sinnlosigkeit seiner Existenz. Wenn er etwa in Wurmlöcher starrt. Oder über den Tod des Todesvogels sinniert. Die Lakonie und die Beiläufigkeit, mit der Mahler Kratochvils Irrfahrt skizziert, ist von beklemmender Komik. Wie ein Stück von Samuel Beckett (siehe oben) oder Ciorans Aphorismen.

An Kratochvil können sich die Geister scheiden. Kratochvil ist nicht so eindeutig komisch wie „Flaschko" oder „Lone Racer"; wie Kratochvil in seiner Einöde sich zwischen Slapstick und Verzweiflung bewegt, tummelt sich auch Mahler zwischen den Genres. Vor allem seit das Schweizer Figurentheater Vagabu Kratochvils Odyssee in einer hübschen Inszenierung auf die Bühne bringt, kommt es vor, dass reizende junge Damen zu Nicolas Mahler kommen und mit ihm über Poesie reden wollen. Genauer (und schlimmer): über die Poesie in Kratochvil. Dann windet sich Nicolas Mahler, während er den jungen Damen etwas ins Buch beziehungsweise in ihr Poesiealbum krakelt, er ist zu galant, um zu widersprechen (zum einen ist er Wiener, zum anderen möchte er Bücher verkaufen), aber er fühlt sich missverstanden. Kratochvil sei ja eine Parodie auf diese Poesie, murrt er, wenn die Damen außer Hörweite sind. Das mag stimmen. Und doch verstehen diese jungen Damen (manchmal sind sie auch etwas älter und tragen auffällige

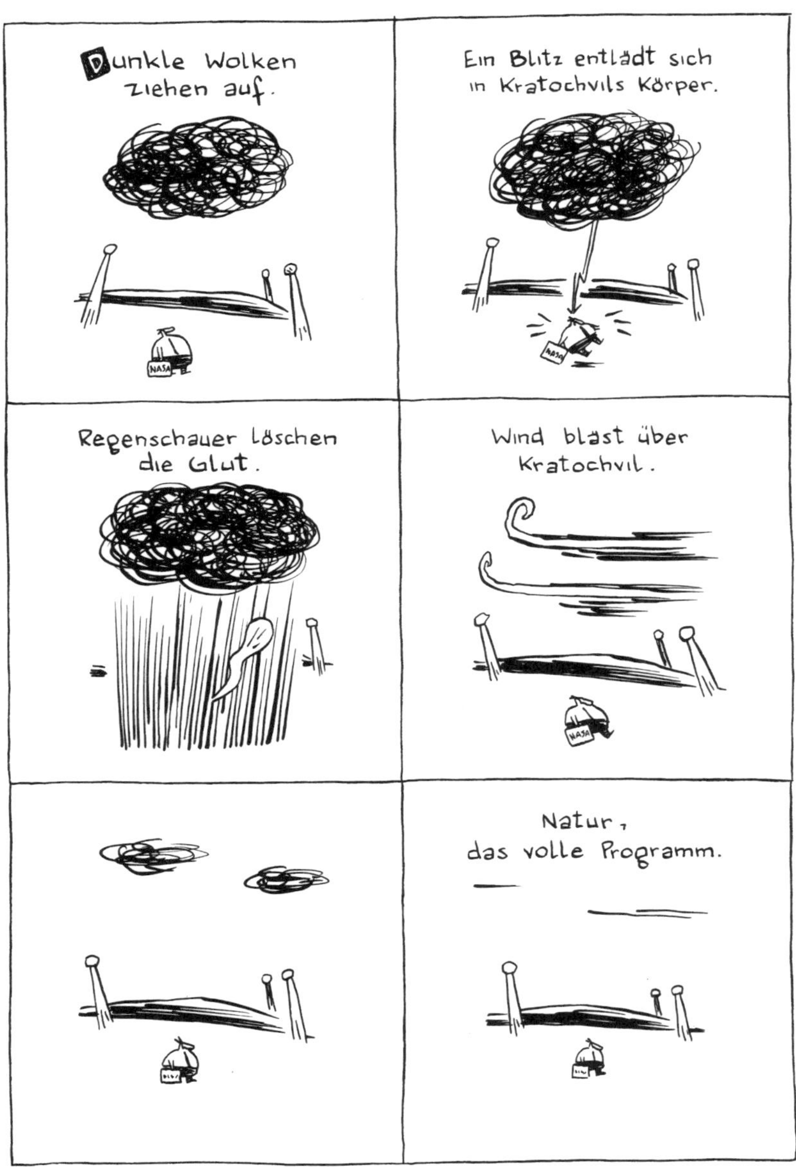

Ausschnitt aus: „Kratochvil". Die Serie erschien als täglicher Fortsetzungsstrip in den „Berliner Seiten" der „FAZ".

Brillen, und manchmal sind sie auch männlich) Mahler sehr wohl. Sein Humor ist offenbar reicher und vielschichtiger, als er sich selbst zutraut oder eingesteht.

***

Nicolas Mahler sitzt zwischen den Stühlen. Humor wird – gerade im deutschen Sprachraum – mit Mainstreamcomic gleichgesetzt. Mahlers Zeichenstil rückt ihn aber in die unabhängige Comic-Szene. Den Undergroundisten ist er jedoch zu klassisch. Den Freunden klassischer Comic-Kost ist Mahler wiederum zu schräg. Den Avantgardisten ist sein Strich womöglich zu simpel und „unkünstlerisch". Den Traditionalisten ist seine Lust am Experiment nicht geheuer. Etc., etc. Ein Teufelskreis.

Andererseits ist beim Humor die Grenze zwischen Verkanntheit und Massenerfolg sehr schmal. Plötzlich wird – ohne dass man verstünde, warum – über Nacht etwas erfolgreich, was lange zuvor kaum beachtet wurde. Der kommerzielle Durchbruch ist bei Nicolas Mahler jederzeit möglich. Dass er das Potenzial hat, auch ein Publikum außerhalb der Comic-Szene zu erreichen, denn das ist für den großen Erfolg notwendig, beweisen die verschiedenen Adaptionen seiner Strips: „Kratochvils Welt" als Figurentheater, „Flaschko" als kurze Trickfilme, „Lame Ryder" als Liveperformance.

Was aber wäre, wenn Nicolas Mahler erfolgreich wäre? Berühmt und reich? In Dutzenden von Zeitungen abgedruckt? Seine Bücher stapelweise in allen Buchhandlungen? Auch in Österreich? – Wäre Nicolas Mahler dann endlich zufrieden? Oder würde er neue Gründe finden, sich zu beklagen? Vermutlich schon. Man wird nämlich den Verdacht nicht ganz los, dass der Griesgram zum Humoristen gehört wie die Heizdecke und „Emmanuelle"-Videos zu Flaschko. Dass er nicht ungern unzufrieden ist. Dass er sich nicht ungern beklagt. Dass er … Manchmal kann er ganz schön nerven, der Mahler. Aber ein Humorgenie wie er darf das.

Christian Gasser, geboren 1963 und aufgewachsen in der tiefsten Pop-Provinz Bern, lebt heute in Luzern als freier Autor, Mitherausgeber des Comic-Magazins „Strapazin", Vorleser und DJ. Von 1988 bis 2002 Redaktor/Moderator bei DRS3, Hörspiele und Features für den WDR, den SWR und DRS2. Seit 1996 Lesungen als „Pop-Besessener".
Bücher:
„Mein erster Sanyo. Bekenntnisse eines Pop-Besessenen" (Edition Tiamat, 2000; als Heyne-TB 2003)
„Mutanten. Die deutschsprachige Comic-Avantgarde der neunziger Jahre" (Hatje Cantz, 1999)

anhang

zur neuauflage

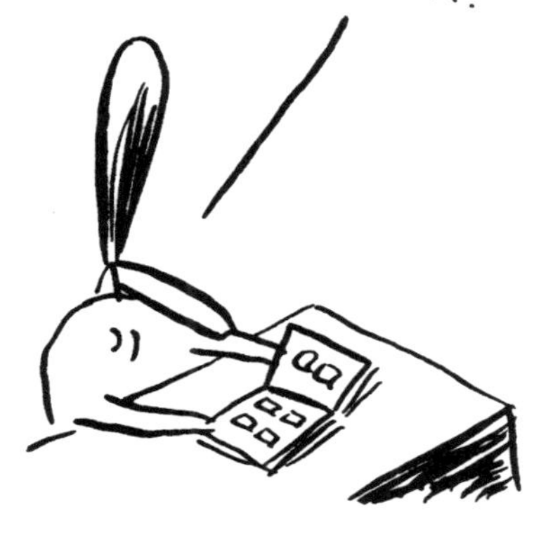

Vier Jahre sind vergangen seit
"KUNSTTHEORIE VS. FRAU GOLDGRUBER".
...

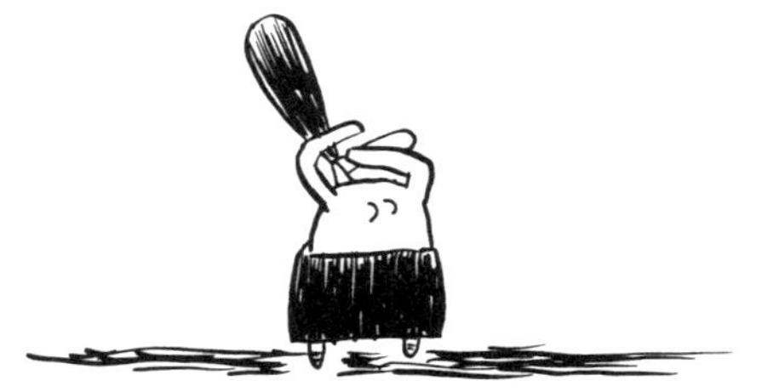

Was seither geschah:

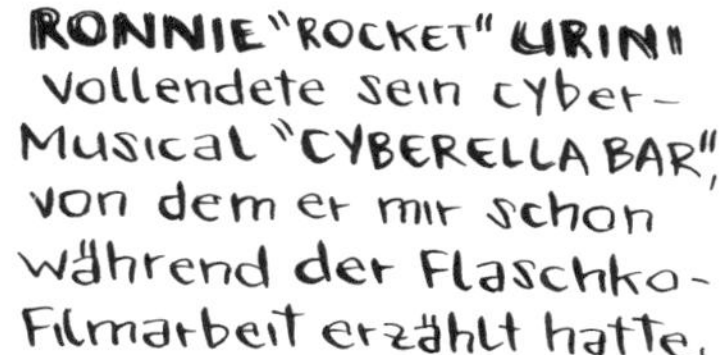

CYBERELLA-BAR spielt im Jahr 2021 in der Raumhafen-Bar von Flame City, dem letzten Ort der Welt, wo LIVE MUSIK gespielt wird.

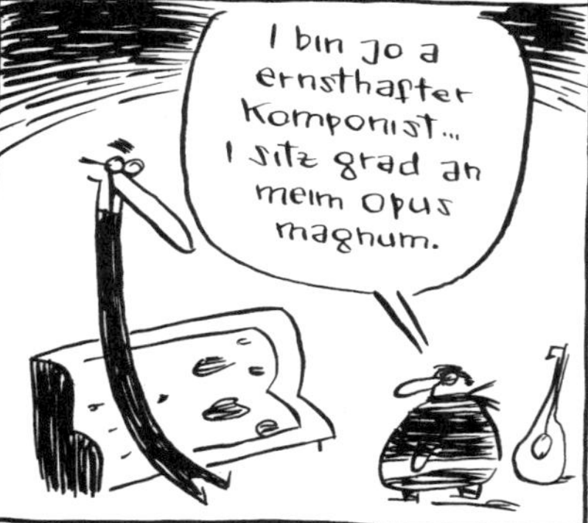

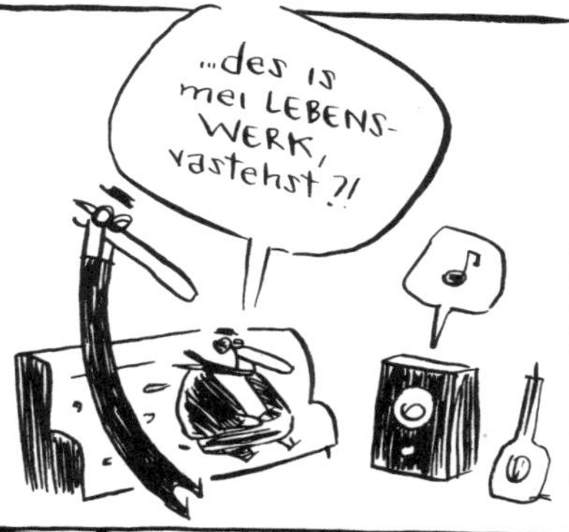

Zufällig hörte ich RONNIE anlässlich der CYBERELLA-BAR-Premiere im Radio...

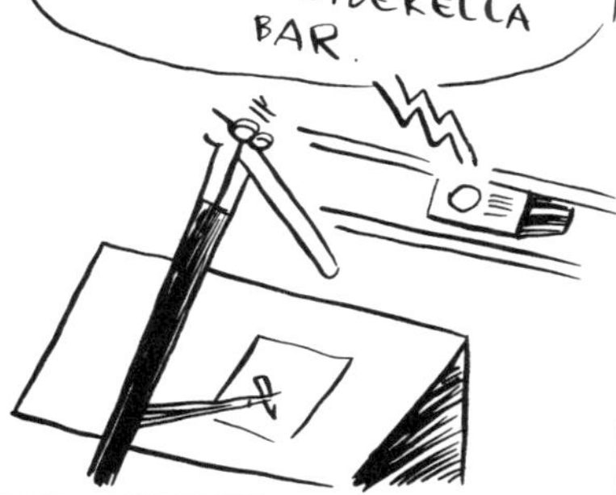

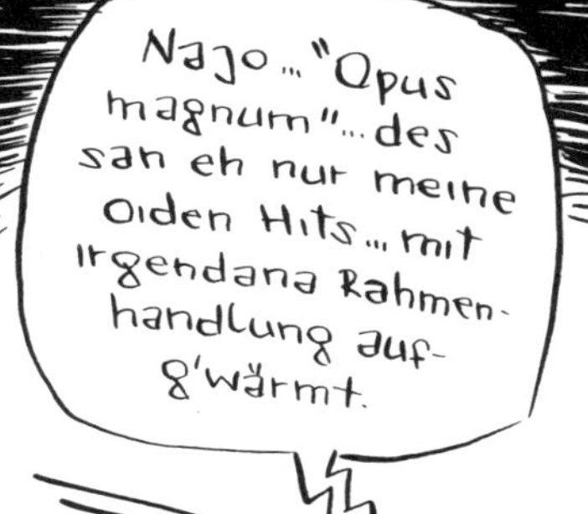

HILLI RESCHL moderiert mittlerweile auf einem privaten Fernsehkanal ein Gesundheitsmagazin für alte Leute ...

Da kann man das Private mit dem Beruflichen schön verbinden. Das Team besteht ja grossteils selbst aus alten Leuten ... das ist recht praktisch ...

... wir laden einfach unsere eigenen Ärzte als Gäste ein.

Sie scheint in ihrer neuen Aufgabe richtig aufzugehen.

Unlängst hab ich z.B. Probleme mit der Hüfte gehabt ... Na haben wir gleich einen Hüftschwerpunkt gemacht mit meinem Herrn Primar! Als altem kranken Menschen gehen einem die Themen ja nie aus ... und die Leut merkens auch, wenn was authentisch ist ...

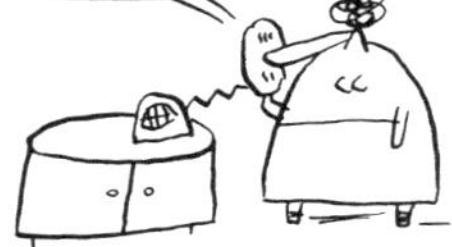

Auch für meinen zweiten Film, DER PARK, konnte ich sie als Sprecherin gewinnen ...

Na sicher bin ich wieder dabei! Der FLASCHKO-Film war ja ... na ja ...

... immerhin technisch einwandfrei gemacht.

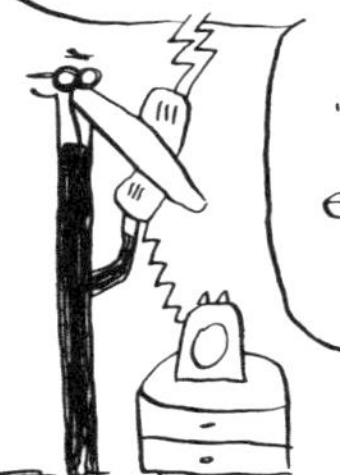

Spontan kam ihr die Idee, dass auch ich an der Gesundheitssendung mitarbeiten könnte ...

... Vielleicht mit kurzen Trickfilmen übers Kranksein ... ... aber schon lustigen! So was könnt ich mir gut vorstellen ...

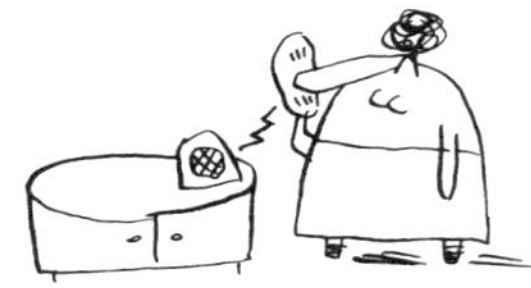

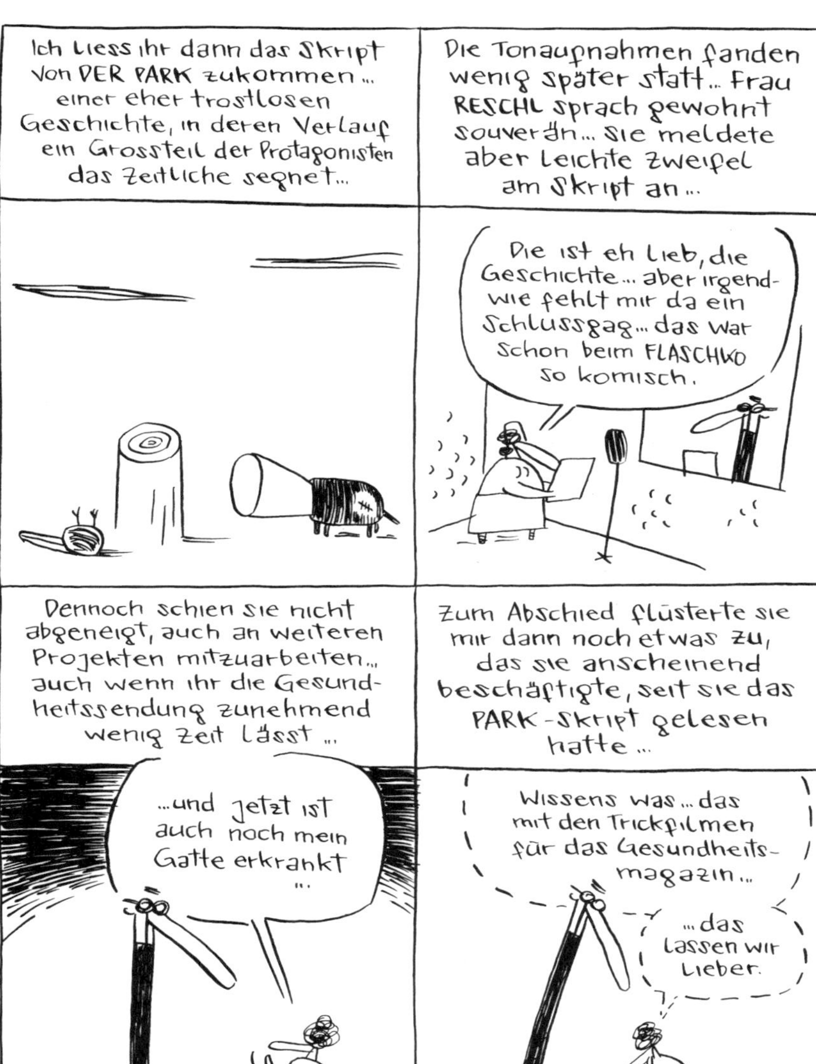
Ich ließ ihr dann das Skript von DER PARK zukommen... einer eher trostlosen Geschichte, in deren Verlauf ein Grossteil der Protagonisten das Zeitliche segnet...
Die Tonaufnahmen fanden wenig später statt... Frau RESCHL sprach gewohnt souverän... sie meldete aber leichte Zweifel am Skript an...
Die ist eh lieb, die Geschichte... aber irgendwie fehlt mir da ein Schlussgag... das war schon beim FLASCHKO so komisch.
Dennoch schien sie nicht abgeneigt, auch an weiteren Projekten mitzuarbeiten... auch wenn ihr die Gesundheitssendung zunehmend wenig Zeit lässt...
Zum Abschied flüsterte sie mir dann noch etwas zu, das sie anscheinend beschäftigte, seit sie das PARK-Skript gelesen hatte...
...und jetzt ist auch noch mein Gatte erkrankt...
Wissens was... das mit den Trickfilmen für das Gesundheitsmagazin...
...das lassen wir lieber.

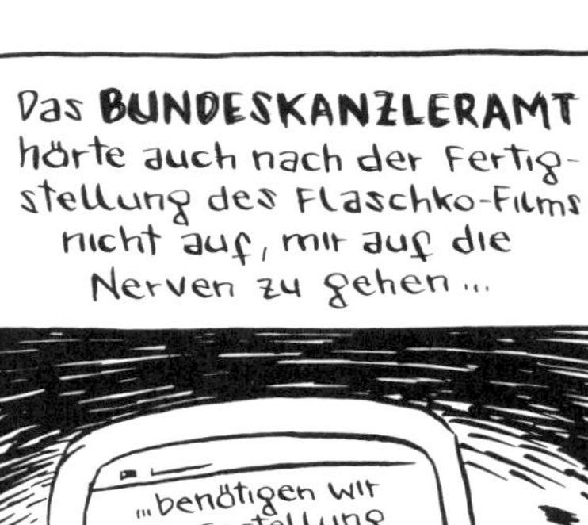

Das **BUNDESKANZLERAMT** hörte auch nach der Fertigstellung des Flaschko-Films nicht auf, mir auf die Nerven zu gehen ...

Die einzelnen Flaschko-Episoden wurden dank eines Hamburger Vertriebs über 2 Jahre lang als Vorfilme im regulären Kinobetrieb in Deutschland und der Schweiz gezeigt.

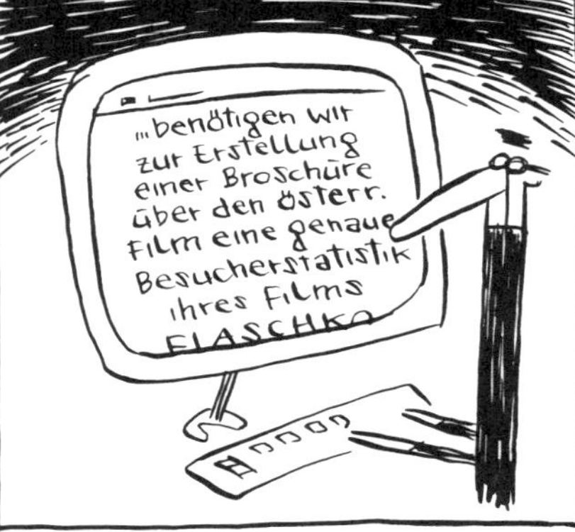

KINO
17^{00}/21^{00}
AL PACINO
DER KAUFMANN VON VENEDIG
im Vorprogramm: Flaschko-hartes Los huhn

Die daraus resultierende Zuschauerzahl wurde vom BUNDESKANZLERAMT als nicht glaubwürdig eingestuft ...

Mir blieb also nichts anderes übrig, als dem BUNDESKANZLERAMT ein Paket mit sämtlichen Originalbelegen des Vertriebs zukommen zu lassen. Kurz darauf ...

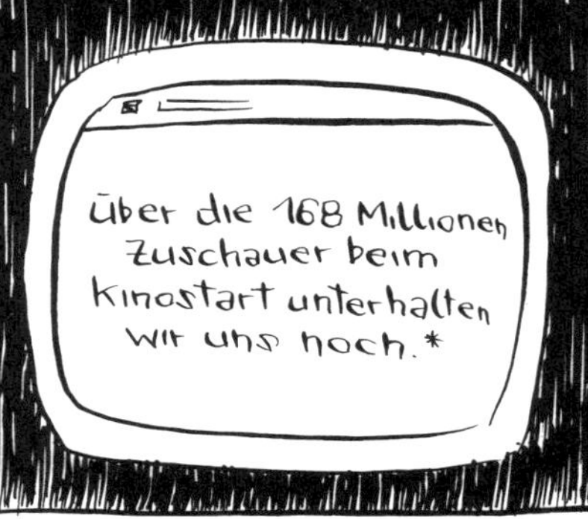

Guten Tag, hier spricht das BUNDESKANZLERAMT! Na ja, vielleicht stimmen Ihre Angaben ja wirklich...

Wenn dem so ist, freut mich das für Sie ...

* Diese E-Mail habe ich als Beweis gespeichert!

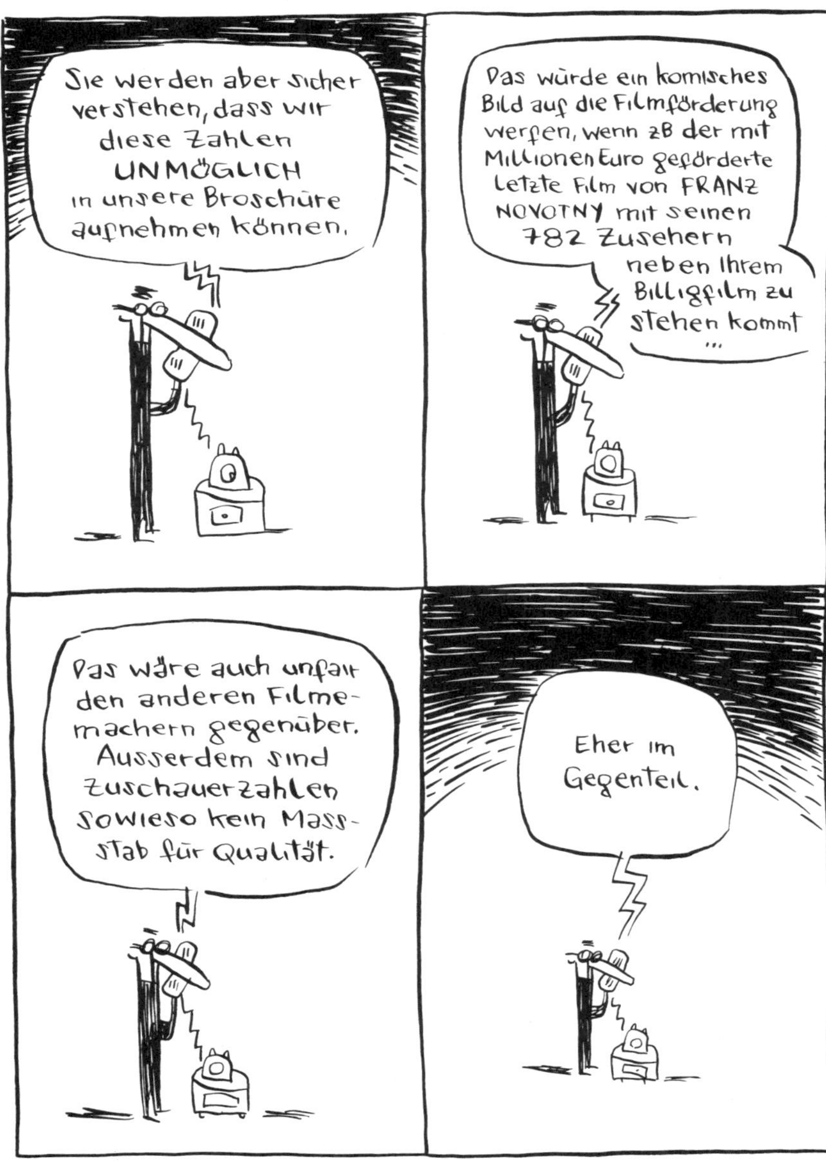
Sie werden aber sicher verstehen, dass wir diese Zahlen UNMÖGLICH in unsere Broschüre aufnehmen können.
Das würde ein komisches Bild auf die Filmförderung werfen, wenn zB der mit Millionen Euro geförderte letzte Film von FRANZ NOVOTNY mit seinen 782 Zusehern neben Ihrem Billigfilm zu stehen kommt ...
Das wäre auch unfair den anderen Filmemachern gegenüber. Ausserdem sind Zuschauerzahlen sowieso kein Massstab für Qualität.
Eher im Gegenteil.

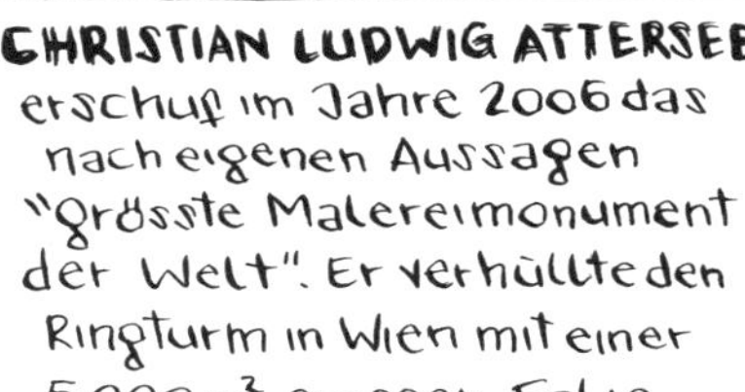

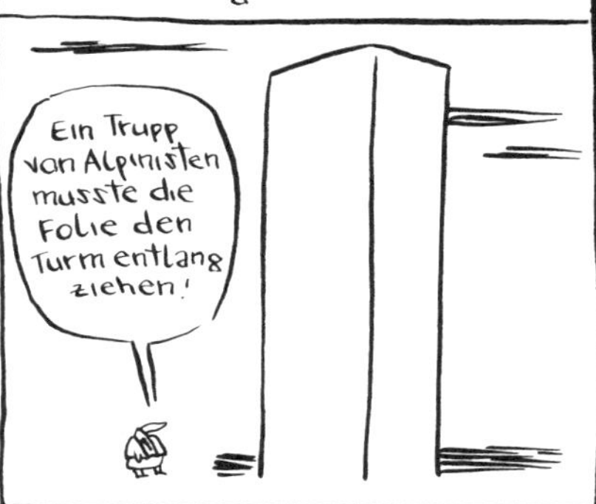

Nach wie vor ist es mir unmöglich, das **ATTER-GRAUEN** hier bildlich darzustellen...

(Googeln sie das Grauen: Suche: ATTERSEE/RINGTURM)

Laut **ATTER**-Berechnungen blieb einem der Anblick dieser 80 Meter hohen Zumutung selbst vom Flugzeug aus nicht erspart.

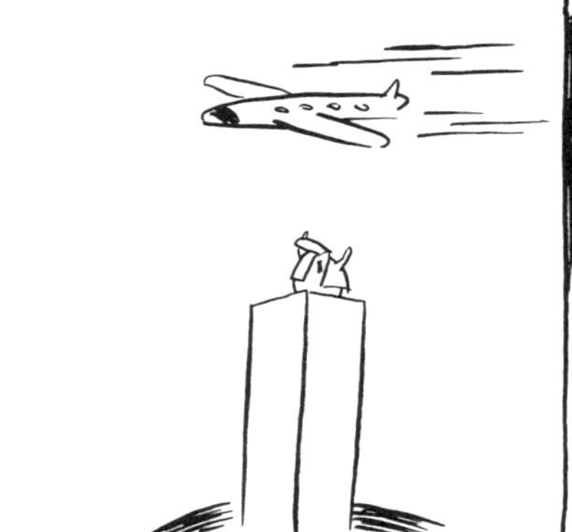

Noch heute, 4 Jahre nach Erscheinen der ersten Auflage des GOLDGRUBER-Buchs, erreichen mich E-Mails, in denen mir für meine **ATTER**-Beflegelungen gedankt wird.

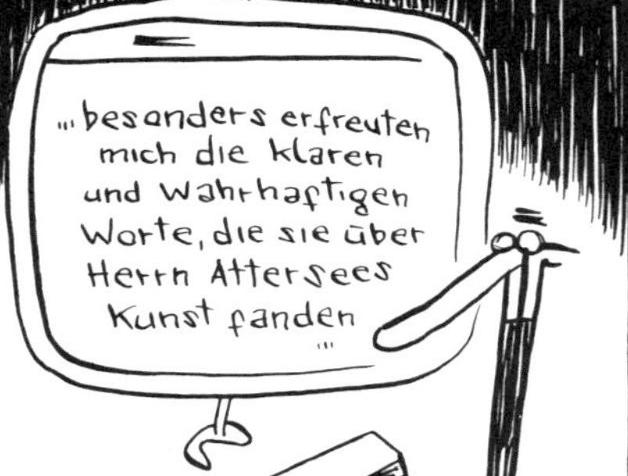

KOLLEGE NEUWINGER wurde inzwischen dank einer fehlerhaften Kritik im Nachrichtenmagazin "profil" medial seiner Männlichkeit beraubt.

Hodenlos

Buch Nicolas Mahlers neuer Comicband.

Es kommt immer noch schlimmer: Nicht nur, dass die einzige Gesellschaft des zaundürren Männchens die „Radiergummibrösel" auf seinem Schreibtisch sind – im Uzzi, seinem bevorzugten Lokal, trifft es auch noch regelmäßig auf Kollegen Neuwinger. Dieser hat nicht gerade Erhebendes zu berichten: „Ich kann Hunde nicht ausstehen, seitdem mir einmal einer die Hoden abgebissen hat!"

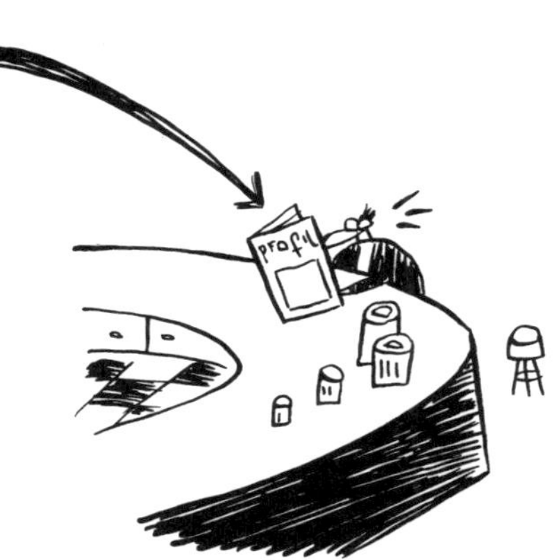

Ein Umstand, den er aber durch einen beherzten Leserbrief eine Woche später richtigstellen konnte.

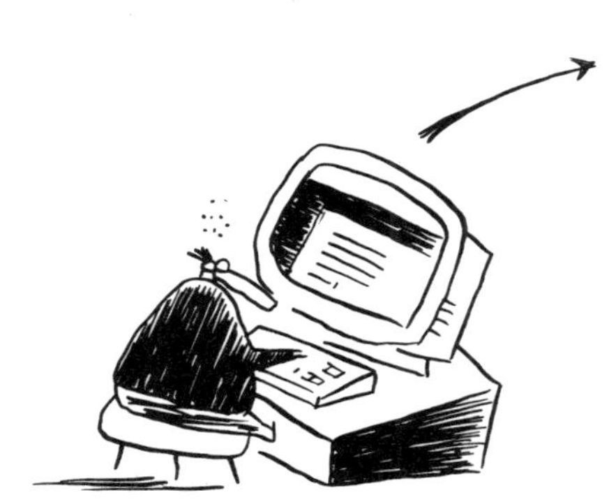

Hodenlos

N. Mahlers neuer Comic-Band.
Ich lege Wert auf die Feststellung, dass meine Hoden (entgegen Ihrer Darstellung) vollzählig anwesend & einsatzfähig sind, mein Verhältnis zu Hunden ein ungetrübtes ist und es sich beim Opfer des von Ihnen zitierten bedauerlichen Zwischenfalls um eine mir zwar bekannte, aber nicht um meine Person handelt.

Stefan F. Neuwinger
via E-Mail

Mit **FRAU GOLDGRUBER** sollte ich erst über ein Jahr nach Erscheinen des gleichnamigen Buchs wieder telefonieren. Gegen Ende des Gesprächs schliesslich:

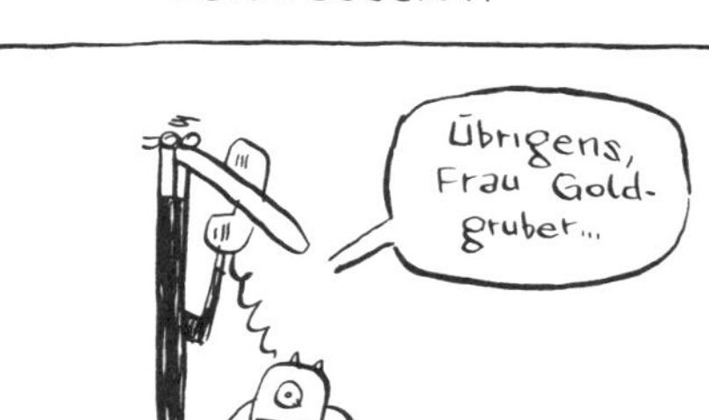

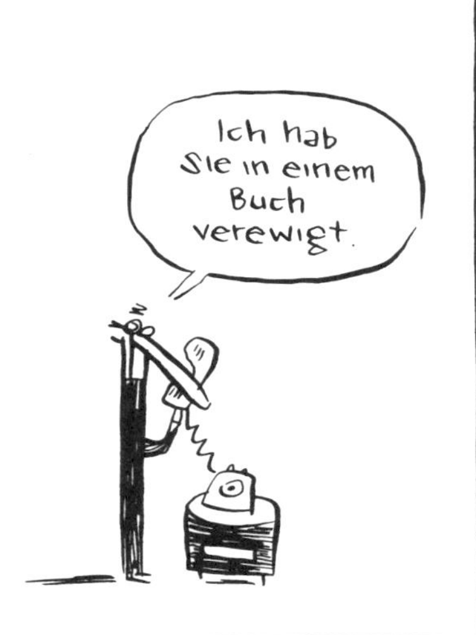

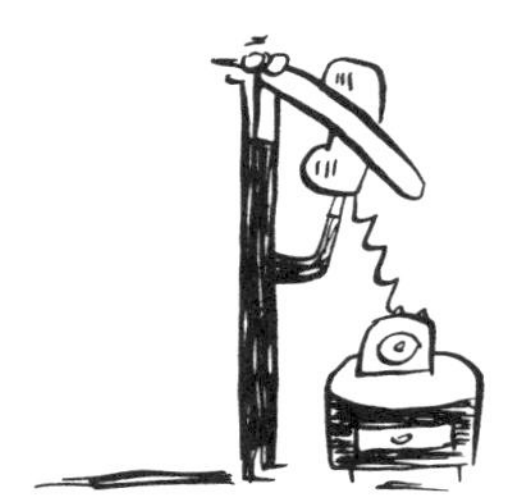

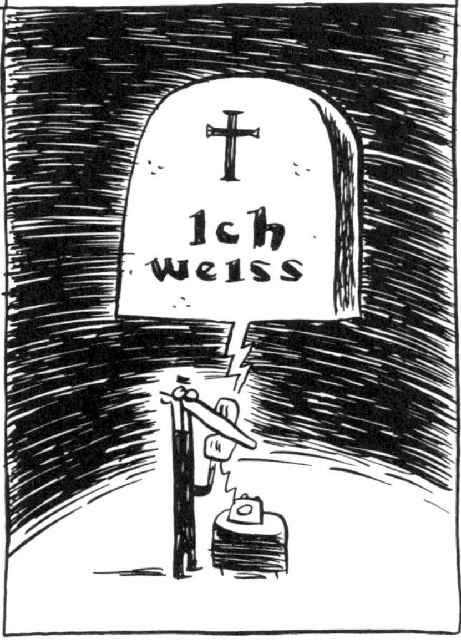

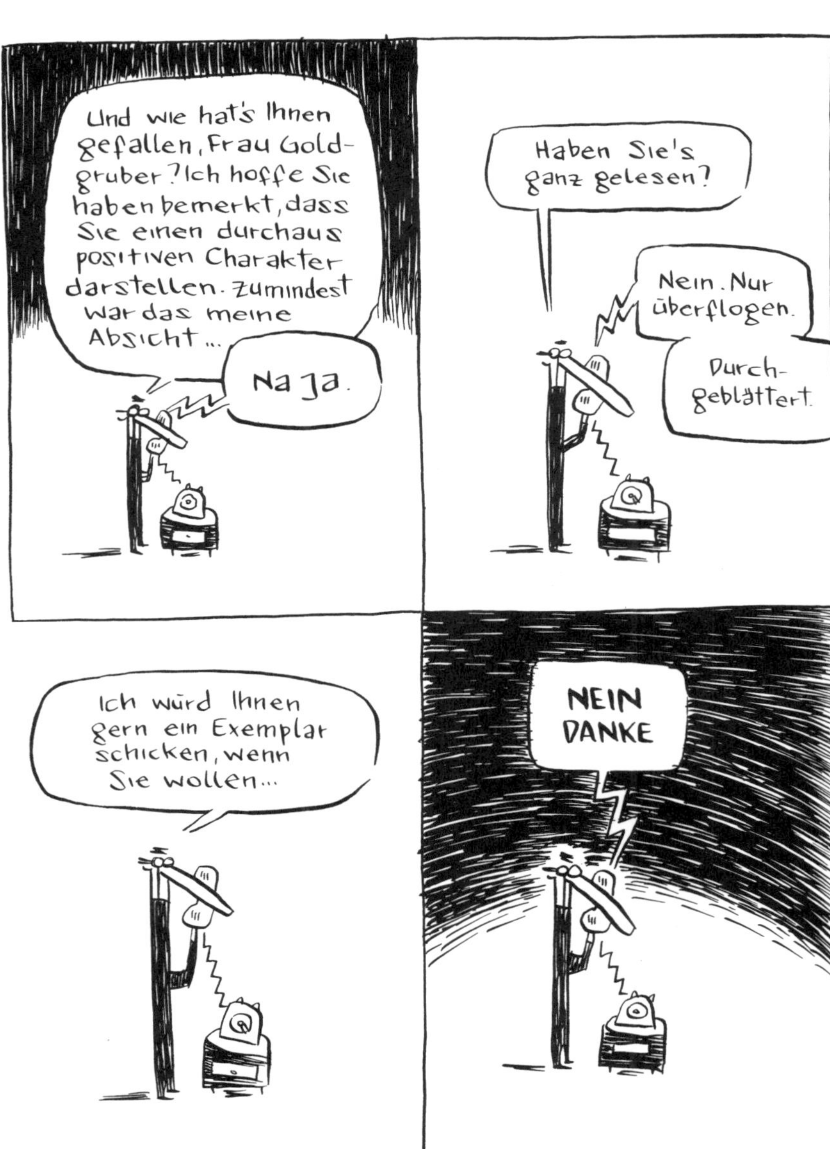
Und wie hat's Ihnen gefallen, Frau Goldgruber? Ich hoffe Sie haben bemerkt, dass Sie einen durchaus positiven Charakter darstellen. Zumindest war das meine Absicht...
Na ja.
Haben Sie's ganz gelesen?
Nein. Nur überflogen.
Durchgeblättert.
Ich würd Ihnen gern ein Exemplar schicken, wenn Sie wollen...
NEIN DANKE

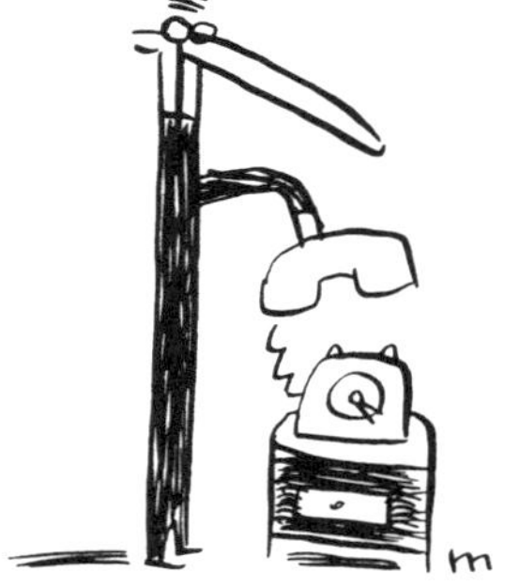

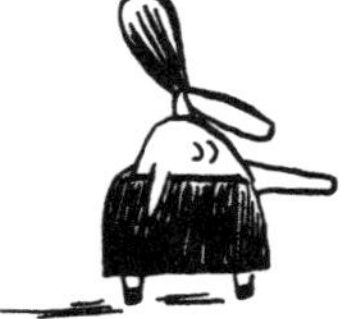

weiterführende literatur:

mahler

die Zumutungen der Moderne

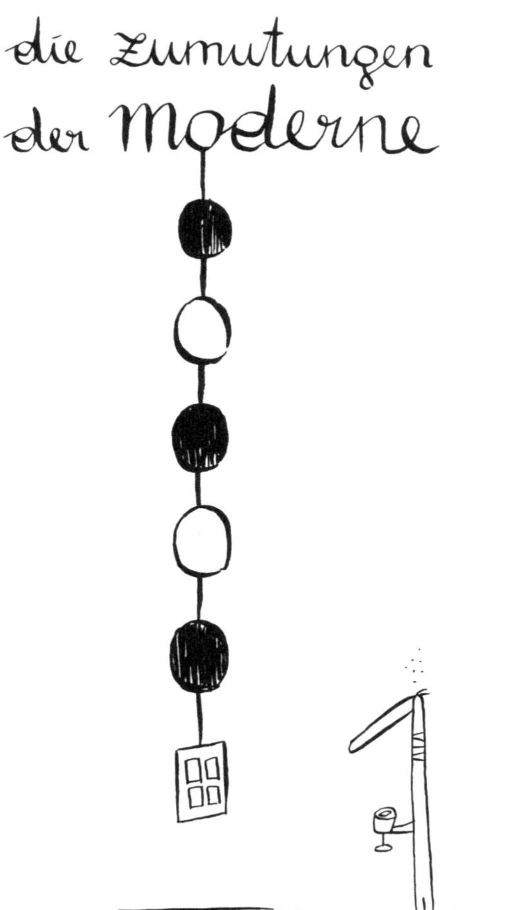

erschienen bei reprodukt

isbn 978-3-938511-54-1

mahler

PORNOGRAFIE

und

selbstmord

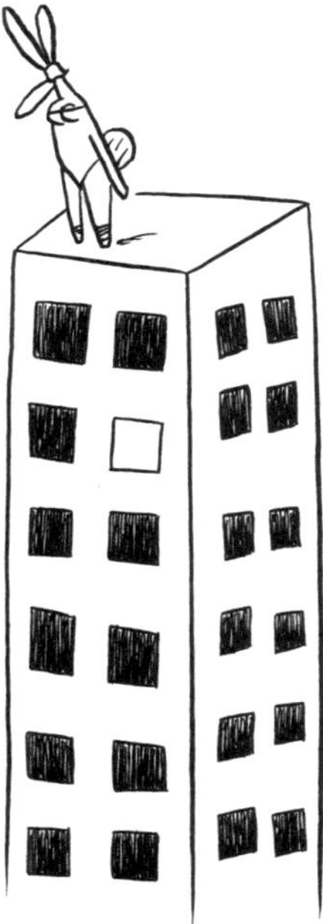

erschienen bei reprodukt

isbn 978-3-941099-33-3

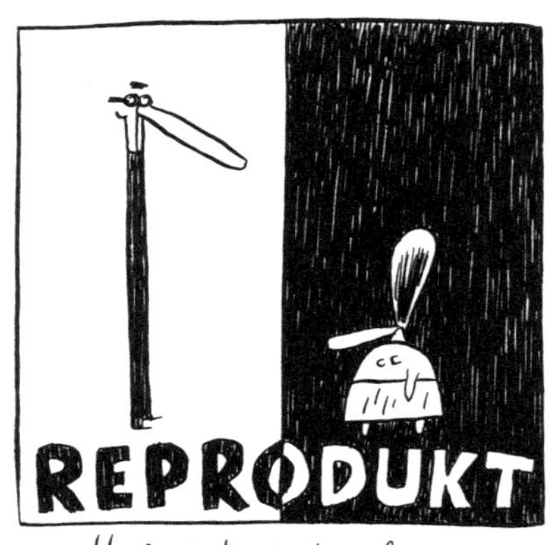

gottschedstr. 4 / aufgang 1
13357 berlin

kunsttheorie versus frau goldgruber

originalausgabe erschienen in österreich
bei edition selene, körnergasse 7/1, 1020 wien
published by arrangement with
edition selene
herausgeber: christian maiwald
isbn 978-3-938511-32-9
druck: zpw pozkal, inowroclaw, polen

dritte auflage: april 2021

www.mahlermuseum.at
www.reprodukt.com